Az Ókori Étrend Csodá

Fedezd fel az Egészséges Étkezés Titkait az Ókor Étrendjével;
Használd a Paleo Diéta Potenciálját

Zsófia Nagy

Tartalom

Füstölt baba hátborda Mopa almás-mustárszósszal 8
Borda 8
BEMÁRT 8
Sült BBQ sertésborda friss ananászsalátával 11
fűszeres sertéspörkölt 13
Gulyás 13
Fejes káposzta 13
Olasz kolbászos fasírt Marinara édesköményszeletekkel és pirított hagymával 15
tészta 15
Marinara 15
Sertéshússal töltött cukkinis csónakok bazsalikommal és fenyőmaggal 17
Curry sertés ananászos tésztatálak kókusztejjel és fűszerekkel 19
Fűszeres grillezett sertéspogácsa fűszeres uborkasalátával 21
Cukkinis Crust pizza szárított paradicsom pestoval, édes paprikával és olasz kolbásszal 23
Citrommal és korianderrel füstölt báránycomb grillezett spárgával 26
Lamb Hot Pot 28
Párolt bárányhús zellergyökér tésztával 30
Bárányszelet fűszeres gránátalma szósszal és datolyával 32
Chutney 32
bárányborda 32
Chimichurri bárányszelet retek káposzta sóval 34
Bárányszelet szardella és zsálya, sárgarépa és édesburgonya remuládéval 36
Töltött bárányburger a kertből, pirospaprika coulis-szal 38
pirospaprika coulis 38
Burgerek 38
Báránynyárs dupla oregánóval és tzatziki szósszal 41
báránynyársak 41
tzatziki szósz 41
Sült csirke sáfránnyal és citrommal 43
Spatchcocked csirke Jicama salátával 45
Csirke 45

Káposzta saláta	45
Hátsült csirke vodkával, sárgarépával és paradicsomszósszal	48
Poulet Rôti és Rutabaga Frites	50
Coq au Vin három gombával rutabaga és metélőhagyma pürével	52
Brandy-Barack mázas dobverők	55
Barackpálinkás máz	55
Chile pácolt csirke mangóval és dinnye salátával	57
Csirke	57
Saláta	57
Tandoori stílusú csirkecomb uborka raitával	60
Csirke	60
Uborka Raita	60
Párolt csirke curry gyökérzöldségekkel, spárgával és mentazöld almával	62
Grillezett csirke Paillard saláta málnával, céklával és pirított mandulával	64
Brokkolival töltött csirkemell friss paradicsomszósszal, cézár salátával	67
Grillezett csirke Shawarma pakolások gyógynövényekkel és fenyőmagöntettel	70
Sült csirkemell gombával, fokhagymás pépesített karfiollal és sült spárgával	72
Thai stílusú csirkeleves	74
Citromos és zsályás grillezett csirke escarole-val	76
Csirke metélőhagymával, vízitormával és retekkel	79
Tikka Masala csirke	81
Ras el Hanout csirkecomb	84
Csirkecomb karambola pácban párolt spenóton	86
Poblano káposzta és csirke taco Chipotle majonézzel	88
Csirkepörkölt bébi sárgarépával és Bok Choy-val	90
Keverhető csirke kesudióval, naranccsal és édes paprikával saláta csomagoláson	92
Vietnami csirke kókusszal és citromfűvel	94
Grillezett csirke és almás escarole saláta	97
Toszkán csirke leves kelkáposztával	99
Csirke Larb	101
Csirke hamburgerek Széchwani kesudió szósszal	103
Széchwani kesudió szósz	103
Török csirke pakolás	105
Spanyol Cornish Tyúkok	107
Kacsamell Granadával és Jicama salátával	110

Pulykasült fokhagymás gyökérpürével 112

Töltött pulykamell pesto szósszal és rakétasalátával 115

Fűszeres pulykamell cseresznye BBQ szósszal 117

Borban főtt pulykafilé 119

Reszelt pulykamell metélőhagyma szósszal és garnélarákkal 122

Párolt pulyka gyökérzöldségekkel 124

Pulyka zöldségek karamellizált hagymás ketchuppal és sült káposzta ketchuppal
.... 126

pulykapóló 128

Csirke csontleves 130

Zöld harissa lazac 133

Lazac 133

Harissa 133

Fűszeres napraforgómag 133

Saláta 133

Grillezett lazac pácolt articsóka szívsalátával 137

Instant potban sült chilis zsályás lazac zöld paradicsom salsával 139

Lazac 139

zöld paradicsomszósz 139

Sült lazac és spárga Papillote-ban citromos és mogyorós pestoval 142

Fűszerezett lazac gombás és almaszósszal 144

Sole en Papillote Julienne zöldségekkel 147

Rukkola pesto tacos füstölt lime krémmel 149

Grillezett tőkehal és cukkini csomagolás fűszeres mangó bazsalikom szósszal 152

Rizling buggyantott tőkehal pestóval töltött paradicsommal 154

Grillezett tőkehal pisztácia kéreggel és korianderrel édesburgonyapürén 156

Rozmaringos tőkehal és mandarin sült brokkolival 158

Tőkehal saláta pakolások pácolt retekkel 160

Sült foltos citrom és édeskömény 162

Dióhéjú snapper remuládéval, Cajun Okra-val és paradicsommal 164

Tárkonyos tonhal empanadák avokádóval és citromos aliolival 167

Csíkos basszus Tagine 170

tenger gyümölcsei bouillabaisse 172

Klasszikus garnélarák Ceviche 174

Garnélarák saláta kókuszreszelékkel és spenóttal 177

Trópusi garnélarák és fésűkagyló ceviche ... 179
Fokhagymás garnélarák pirított spenóttal és Radicchioval ... 181
Rák saláta avokádóval, grapefruittal és jicamával ... 183
Cajun párolt homárfarok tárkonyos Aiolival ... 185
Rántott kagyló sáfrányos aiolival ... 187
paszternák krumpli ... 187
sáfrányos aioli ... 187
a kagylókat ... 187
Sült kagyló cékla szósszal ... 190
Grillezett fésűkagyló uborkás kapros szósszal ... 193
Grillezett kagyló paradicsommal, olívaolajjal és növényi szósszal ... 195
Fésűkagyló és szósz ... 195
Saláta ... 195
Köményes sült karfiol édesköménysel és gyöngyhagymával ... 197
Vaskos paradicsomos és padlizsán szósz spagettitökkel ... 199
Töltött portobello gomba ... 201
sült radicchio ... 203
Sült édeskömény narancssárga vinaigrette-vel ... 204
pandzsábi stílusú savoy káposzta ... 207
Fahéjas sült vajas tök ... 209
Grillezett spárga buggyantott tojással és dióval ... 210
Ropogós saláta retekkel, mangóval és mentával ... 212
Citromos édes sült káposzta ... 213
Sült káposzta naranccsal és balzsameccsel ... 214

FÜSTÖLT BABA HÁTBORDA MOPA ALMÁS-MUSTÁRSZÓSSZAL

BÚVÁR:1 óra pihenés: 15 perc füstölés: 4 óra főzés: 20 perc hozam: 4 adagFÉNYKÉP

A HÚS GAZDAG ÍZE ÉS ÁLLAGA.A FÜSTÖLT BORDÁKHOZ VALAMI FRISS ÉS ROPOGÓS KELL HOZZÁ. SZINTE BÁRMILYEN SALÁTA MEGFELEL, DE AZ ÉDESKÖMÉNY SALÁTA (VÖRECEPTÉS A FOTÓNITT), KÜLÖNÖSEN JÓ.

BORDA
8-10 darab almafa vagy dió
3-3½ font baba hátsó bordák
¼ csésze füstölt fűszer (vörecept)

BEMÁRT
1 közepes főzésű alma meghámozva, kimagozva és vékonyra szeletelve
¼ csésze apróra vágott hagyma
¼ csésze víz
¼ csésze almaecet
2 evőkanál dijoni mustár (lásdrecept)
2-3 evőkanál vizet

1. Legalább egy órával a füstfőzés előtt áztassuk be a faforgácsot annyi vízbe, hogy ellepje. Használat előtt csepegtesse le. Vágja le a látható zsírt a bordákról. Ha szükséges, távolítsa el a vékony membránt a bordák hátuljáról. Helyezze a bordákat egy nagy, sekély serpenyőbe. Egyenletesen meghintjük füstfűszerrel; Dörzsölje ujjaival. Hagyja állni szobahőmérsékleten 15 percig.

2. Dohányzóba tegyünk előmelegített szenet, lecsepegtetett faforgácsot és egy lábas vizet a gyártó utasításai szerint.

Öntsük a vizet a serpenyőbe. Helyezze a bordákat, csontos felével lefelé, a grillre egy serpenyő víz fölé. (Vagy helyezze a bordákat egy rácsra; helyezze a bordákat a grillre.) Fedje le és füstölje 2 órán át. Tartsa körülbelül 225 °F hőmérsékletet a dohányzóban a dohányzás teljes ideje alatt. Adjon hozzá több szenet és vizet, ha szükséges, hogy fenntartsa a hőmérsékletet és a páratartalmat.

3. Eközben a mop szószhoz egy kis serpenyőben keverje össze az almaszeleteket, a hagymát és ¼ csésze vizet. Hagyjuk felforrni; csökkentse a hőt. Lefedve pároljuk 10-12 percig, vagy amíg az almaszeletek nagyon kemények nem lesznek, időnként megkeverve. Hagyjuk egy kicsit hűlni; az almát és a lecsepegtetett hagymát konyhai robotgépbe vagy turmixgépbe tesszük. Fedjük le és dolgozzuk fel vagy turmixoljuk simára. Tegye vissza a pürét a serpenyőbe. Adjuk hozzá az ecetet és a dijoni mustárt. Közepes-alacsony lángon 5 percig főzzük, időnként megkeverve. Adjunk hozzá 2-3 evőkanál vizet (vagy szükség szerint többet), hogy a szósz egy vinaigrette állaga legyen. A szószt harmadára osztjuk.

4. Két óra elteltével kenje meg bőségesen a bordákat a felmosó szósz harmadával. Fedjük le és füstöljük még egy órát. Ismét megkenjük a mop szósz egyharmadával. Csomagoljon minden bordát nehéz fóliába, és tegye vissza a bordákat a füstölőbe, szükség esetén átfedve. Fedjük le, és füstöljük még egy-másfél óráig, vagy amíg a bordák felforrósodnak. *

5. Távolítsa el a bordákat, és kenje meg a mop szósz maradék harmadával. A bordákat a csontok közé vágva tálaljuk.

* Tipp: A bordák érzékenységének teszteléséhez óvatosan távolítsa el a fóliát az egyik bordalemezről. Távolítsa el a bordalemezt egy tollal, tartsa a lapot a födém felső negyedétől. Fordítsa meg a bordát úgy, hogy a hús fele lefelé nézzen. Ha a bordák érzékenyek, a lemeznek szét kell esnie az eltávolításkor. Ha nem finom, csomagolja be újra a fóliába, és füstölje tovább a bordákat, amíg megpuhul.

SÜLT BBQ SERTÉSBORDA FRISS ANANÁSZSALÁTÁVAL

HÁZI FELADAT:20 perc főzés: 8 perc sütés: 1 óra 15 perc hozam: 4 adag

A COUNTRY STÍLUSÚ TARJA HÚSOS,OLCSÓ, ÉS MEGFELELŐ KEZELÉS ESETÉN, MINT PÉLDÁUL A PÁROLÁS ÉS A LASSÚ FŐZÉS SOK BBQ SZÓSZBAN, OLVADÁSPONTIG MEGPUHUL.

2 kilós country stílusú kicsontozott borda
¼ teáskanál fekete bors
1 evőkanál finomított kókuszolaj
½ csésze friss narancslé
1½ csésze BBQ szósz (vörecept)
3 csésze apróra vágott zöld és/vagy vörös káposzta
1 csésze reszelt sárgarépa
2 csésze finomra vágott ananász
⅓ csésze élénk citrusos vinaigrette (lásdrecept)
BBQ szósz (lásdrecept) (Választható)

1. Melegítse elő a sütőt 350° F-ra. Szórja meg a sertéshúst borssal. Egy extra nagy serpenyőben melegítsd fel a kókuszolajat közepesen magas lángon. Adjuk hozzá a sertésbordát; főzzük 8-10 percig, vagy amíg megbarnul, egyenletes barnává válik. Helyezze a bordákat egy 3 literes téglalap alakú tepsibe.

2. A szószhoz adjuk hozzá a narancslevet a serpenyőbe, és keverjük össze, hogy a barna darabkákat felkapjuk. Adjunk hozzá 1½ csésze BBQ szószt. Öntsük a szószt a bordákra. Fordítsuk meg a bordákat, hogy bevonjuk a szósszal (ha szükséges, használjunk cukrászecsetet, hogy

a szósszal megkenjük a bordákat). A tepsit szorosan fedjük le alufóliával.

3. Süssük a bordákat egy órán keresztül. Vegyük le a fóliát, és kenjük meg a bordákat a mártással egy tepsiből. Süssük további 15 percig, vagy amíg a bordák megpuhulnak és aranybarnák lesznek, és a szósz kissé besűrűsödik.

4. Közben az ananászsalátához keverjük össze a káposztát, a sárgarépát, az ananászt és a citrusos vinaigrettet. Lefedve hűtőbe tesszük tálalásig.

5. Tálaljuk a bordákat a salátával és, ha kívánjuk, további BBQ szósszal.

FŰSZERES SERTÉSPÖRKÖLT

HÁZI FELADAT:20 perc főzés: 40 perc hozam: 6 adag

EZT A MAGYAROS PÖRKÖLTET TÁLALJÁKROPOGÓS, ALIG FONNYADT KÁPOSZTAÁGYON EGYTÁLÉTELHEZ. A KÖMÉNYMAGOT MOZSÁRBAN TÖRJÜK ÖSSZE, HA VAN KÉZNÉL. HA NEM, TÖRJE ÖSSZE ŐKET EGY SZAKÁCSKÉS SZÉLES OLDALA ALATT ÚGY, HOGY AZ ÖKLÉVEL FINOMAN NYOMJA LE A KÉST.

GULYÁS

1½ font darált sertéshús

2 csésze apróra vágott piros, narancssárga és/vagy sárga kaliforniai paprika

¾ csésze finomra vágott vöröshagyma

1 friss vöröshagyma kimagozva és apróra vágva (lásd dönthető)

4 teáskanál füstölt fűszerkeverék (lásd recept)

1 teáskanál ánizs, összetörve

¼ teáskanál őrölt majoránna vagy oregánó

1 14 uncia lehet só nélkül hozzáadott apróra vágott paradicsom, nem lecsepegtetve

2 evőkanál vörösbor ecet

1 evőkanál finomra reszelt citromhéj

⅓ csésze apróra vágott friss petrezselyem

FEJES KÁPOSZTA

2 evőkanál olívaolaj

1 közepes vöröshagyma, apróra vágva

1 zöld vagy lila káposzta kimagozva és vékonyra szeletelve

1. A gulyáshoz egy nagy holland sütőben őrölt sertéshúst, kaliforniai paprikát és hagymát főzzük közepesen magas lángon 8-10 percig, vagy amíg a sertéshús már nem lesz rózsaszín, és a zöldségek puhák és ropogósak, kevergetve fakanál. . hogy megtörje a húst. A zsírt lecsepegtetjük. Csökkentse a hőt alacsonyra; adjunk hozzá piros chilit,

füstölt fűszereket, köménymagot és majoránnát. Fedjük le és főzzük 10 percig. Adjuk hozzá a lecsepegtetett paradicsomot és az ecetet. Hagyjuk felforrni; csökkentse a hőt. Lefedve pároljuk 20 percig.

2. Közben a káposztához egy extra nagy serpenyőben közepes lángon felforrósítjuk az olajat. Adjuk hozzá a hagymát, és főzzük, amíg megpuhul, körülbelül 2 percig. Adjuk hozzá a káposztát; keverjük össze. Csökkentse a hőt alacsonyra. Főzzük körülbelül 8 percig, vagy amíg a káposzta megpuhul, időnként megkeverve.

3. Tálaláskor a káposztás keverék egy részét kanalazzuk egy tányérra. A tetejét megkenjük gulyással, megszórjuk citromhéjjal és petrezselyemmel.

OLASZ KOLBÁSZOS FASÍRT MARINARA ÉDESKÖMÉNYSZELETEKKEL ÉS PIRÍTOTT HAGYMÁVAL

HÁZI FELADAT: 30 perc főzés: 30 perc főzés: 40 perc Hozam: 4-6 adag

EZ A RECEPT RITKA PÉLDA EGY KONZERV TERMÉK, AMELY UGYANOLYAN JÓL, HA NEM JOBBAN MŰKÖDIK, MINT A FRISS VÁLTOZAT. HACSAK NINCS NAGYON-NAGYON ÉRETT PARADICSOM, AKKOR FRISS PARADICSOMMAL NEM LESZ OLYAN JÓ AZ ÁLLAGA, MINT A KONZERV PARADICSOMMAL. ÜGYELJEN ARRA, HOGY HOZZÁADOTT SÓ NÉLKÜLI, LEHETŐLEG BIO TERMÉKET HASZNÁLJON.

TÉSZTA

- 2 nagy tojás
- ½ csésze mandulaliszt
- 8 gerezd darált fokhagyma
- 6 evőkanál száraz fehérbor
- 1 evőkanál paprika
- 2 teáskanál fekete bors
- 1 teáskanál édesköménymag, enyhén összetörve
- 1 teáskanál szárított oregánó, összetörve
- 1 teáskanál szárított kakukkfű, összetörve
- ¼-½ teáskanál cayenne bors
- 1½ font darált sertéshús

MARINARA

- 2 evőkanál olívaolaj
- 2 15 uncia konzerv sótlan zúzott paradicsom vagy 1 28 uncia konzerv sótlan zúzott paradicsom
- ½ csésze apróra vágott friss bazsalikom
- 3 közepes édesköményhagyma, félbevágva, kimagozva és vékonyra szeletelve

1 nagy édes hagyma félbevágva és vékonyra szeletelve

1. Melegítse elő a sütőt 375° F-ra. Béleljen ki egy nagy peremes tepsit sütőpapírral; félretesz, mellőz. Egy nagy tálban keverjük össze a tojást, a mandulalisztet, 6 gerezd darált fokhagymát, 3 evőkanál bort, paprikát, 1 ½ teáskanál fekete borsot, édesköménymagot, oregánót, kakukkfüvet és cayenne borsot. Adjuk hozzá a sertéshúst; jól keverjük össze. Formázz sertéshúsból 1½ hüvelykes húsgombócokat (kb. 24 húsgombóc legyen); egy rétegben helyezzük az előkészített tepsire. Körülbelül 30 percig sütjük, vagy amíg enyhén aranybarna nem lesz, sütés közben egyszer megfordítjuk.

2. Közben a marinara szószhoz hevíts fel 1 evőkanál olívaolajat egy 4-6 literes holland sütőben. Adjuk hozzá a maradék 2 gerezd darált fokhagymát; főzzük kb 1 percig, vagy amíg éppen kezd barnulni. Gyorsan hozzáadjuk a maradék 3 evőkanál bort, a zúzott paradicsomot és a bazsalikomot. Hagyjuk felforrni; csökkentse a hőt. Fedő nélkül pároljuk 5 percig. A megfőtt húsgombócokat óvatosan összekeverjük a marinara szósszal. Fedjük le, és lassú tűzön főzzük 25-30 percig.

3. Közben egy nagy serpenyőben közepes lángon hevítsük fel a maradék evőkanál olívaolajat. Adjuk hozzá az apróra vágott édesköményt és a hagymát. Főzzük 8-10 percig, vagy amíg megpuhul és enyhén megpirul, gyakran kevergetve. Fűszerezzük a maradék ½ teáskanál fekete borssal. Tálaljuk a húsgombócokat és a marinara szószt az édeskömény-hagymás rántásra.

SERTÉSHÚSSAL TÖLTÖTT CUKKINIS CSÓNAKOK BAZSALIKOMMAL ÉS FENYŐMAGGAL

HÁZI FELADAT:20 perc főzés: 22 perc sütés: 20 perc hozam: 4 adag

A GYEREKEK IMÁDNI FOGJÁK EZT A SZÓRAKOZTATÓ ÉTELT. A CUKKINI ŐRÖLT SERTÉSHÚSSAL, PARADICSOMMAL ÉS ÉDES PAPRIKÁVAL TÖLTVE. HA SZÜKSÉGES, ADJUNK HOZZÁ 3 EVŐKANÁL BAZSALIKOMOS PESTÓT (LÁSD<u>RECEPT</u>) FRISS BAZSALIKOM, PETREZSELYEM ÉS FENYŐMAG HELYETT.

2 közepes cukkini

1 evőkanál extra szűz olívaolaj

12 uncia darált sertéshús

¾ csésze apróra vágott hagyma

2 gerezd darált fokhagyma

1 csésze apróra vágott paradicsom

⅔ csésze apróra vágott sárga vagy narancssárga paprika

1 teáskanál édesköménymag, enyhén összetörve

½ teáskanál zúzott pirospaprika pehely

¼ csésze apróra vágott friss bazsalikom

3 evőkanál friss petrezselyem csíkokra vágva

2 evőkanál pirított fenyőmag (lásd<u>dönthető</u>) és durvára vágjuk

1 teáskanál finomra reszelt citromhéj

1. Melegítse elő a sütőt 350 °F-ra. Vágja félbe a cukkinit hosszában, és óvatosan kaparja ki a közepét, hagyva egy ¼ hüvelyk vastag bőrt. A cukkini héját durvára vágjuk, és félretesszük. A cukkini felét vágott felükkel felfelé egy fóliával bélelt tepsire helyezzük.

2. A töltelékhez egy nagy serpenyőben hevítsük fel az olívaolajat közepesen magas lángon. Adjunk hozzá darált sertéshúst; addig főzzük, amíg már nem rózsaszínű, fakanállal kevergetve törjük össze a húst. A zsírt lecsepegtetjük. Csökkentse a hőt közepesre. Adjuk hozzá a fenntartott cukkini pépet, a hagymát és a fokhagymát; főzzük és keverjük körülbelül 8 percig, vagy amíg a hagyma megpuhul. Hozzáadjuk a paradicsomot, a kaliforniai paprikát, az édesköménymagot és a törött pirospaprikát. Körülbelül 10 percig főzzük, vagy amíg a paradicsom megpuhul és szétesni kezd. Vegyük le a serpenyőt a tűzről. Adjuk hozzá a bazsalikomot, a petrezselymet, a fenyőmagot és a citromhéjat. A tölteléket elosztjuk a cukkinihéjak között, kis kupacot készítve. Süssük 20-25 percig, vagy amíg a cukkini héja ropogós nem lesz.

CURRY SERTÉS ANANÁSZOS TÉSZTATÁLAK KÓKUSZTEJJEL ÉS FŰSZEREKKEL

HÁZI FELADAT:30 perc főzés: 15 perc sütés: 40 perc hozam: 4 adagFÉNYKÉP

1 nagy spagettitök
2 evőkanál finomított kókuszolaj
1 kiló darált sertéshús
2 evőkanál finomra vágott metélőhagyma
2 evőkanál friss limelé
1 evőkanál apróra vágott friss gyömbér
6 gerezd fokhagyma, felaprítva
1 evőkanál apróra vágott citromfű
1 evőkanál sótlan thai stílusú vörös curry
1 csésze apróra vágott pirospaprika
1 csésze apróra vágott hagyma
½ csésze sárgarépa
1 baba bok choy apróra vágva (3 csésze)
1 csésze apróra vágott friss gomba
1-2 thai madár chili vékonyra szeletelve (lásddönthető)
1 13,5 uncia sima kókusztej (például Nature's Way)
½ csésze csirke csontleves (vörecept) vagy sózatlan csirkehúsleves
¼ csésze friss ananászlé
3 evőkanál sótlan kesudióvaj hozzáadott olaj nélkül
1 csésze friss kockára vágott ananász
Citrom szelet
Friss koriander, menta és/vagy thai bazsalikom
Apróra vágott sült kesudió

1. Melegítse elő a sütőt 400 F. A spagetti tököt mikrohullámú sütőben 3 percig magas hőmérsékleten süti. Óvatosan

vágja le a szárat hosszában, és kaparja ki a magokat. 1 evőkanál kókuszolajjal bedörzsöljük a medvehagyma vágott oldalát. A tökféléket vágott oldalukkal lefelé egy tepsire helyezzük. Süssük 40-50 percig, vagy amíg a tököt késsel könnyen át nem lehet szúrni. Egy villa fogai segítségével kaparja le a húst a héjáról, és tartsa melegen tálalásig.

2. Eközben egy közepes tálban keverje össze a sertéshúst, a mogyoróhagymát, a lime levét, a gyömbért, a fokhagymát, a citromfüvet és a curryport; jól keverjük össze. Egy extra nagy serpenyőben melegítsük fel a maradék evőkanál kókuszolajat közepesen magas lángon. Adjuk hozzá a sertéshús keveréket; addig főzzük, amíg már nem rózsaszínű, fakanállal kevergetve törjük össze a húst. Adjuk hozzá a kaliforniai paprikát, a hagymát és a sárgarépát; főzzük és keverjük körülbelül 3 percig, vagy amíg a zöldségek ropogós puhák lesznek. Adjuk hozzá a bok choy-t, a gombát, a chilit, a kókusztejet, a csirke csontlevest, az ananászlevet és a kesudióvajat. Hagyjuk felforrni; csökkentse a hőt. Adjunk hozzá ananászt; fedő nélkül pároljuk, amíg át nem melegszik.

3. Tálaláshoz osszuk el a spagetti tököt négy tálba. Tálaljuk a sertés curryt a sütőtökön. Citromkarikákkal, fűszerekkel és kesudióval tálaljuk.

FŰSZERES GRILLEZETT SERTÉSPOGÁCSA FŰSZERES UBORKASALÁTÁVAL

HÁZI FELADAT:30 perc grillen: 10 perc pihenés: 10 perc Hozam: 4 adag

ROPOGÓS UBORKASALÁTAFRISS MENTÁVAL FŰSZEREZVE FRISSÍTŐ ÉS FRISSÍTŐ KIEGÉSZÍTŐJE A FŰSZERES SERTÉSHAMBURGEREKNEK.

⅓ csésze olívaolaj
¼ csésze apróra vágott friss menta
3 evőkanál fehérborecet
8 gerezd darált fokhagyma
¼ teáskanál fekete bors
2 közepes uborka, nagyon vékonyra szeletelve
1 kis hagyma, vékonyra szeletelve (kb. ½ csésze)
1¼-1½ font darált sertéshús
¼ csésze apróra vágott friss koriander
1-2 közepes friss jalapeño vagy serrano chili, kimagozva (ha szükséges) és apróra vágva (lásddönthető)
2 közepes piros kaliforniai paprika kimagozva és negyedelve
2 teáskanál olívaolaj

1. Egy nagy tálban keverj össze ⅓ csésze olívaolajat, mentát, ecetet, 2 gerezd darált fokhagymát és fekete borsot. Adjuk hozzá a szeletelt uborkát és a hagymát. Jó bevonatig keverjük. Fedjük le és hűtsük le tálalásig, egyszer-kétszer megkeverve.

2. Egy nagy tálban keverje össze a sertéshúst, a koriandert, a chilit és a maradék 6 gerezd darált fokhagymát. Négy ¾

hüvelyk vastag pogácsát formázunk. A paprika negyedét enyhén borsozzuk meg 2 teáskanál olívaolajjal.

3. Faszén- vagy gázgrillhez közvetlenül közepes lángon tegye a pogácsákat és a kaliforniai paprikanegyedeket. Fedjük le és süssük addig, amíg a sertéshús oldalaiba helyezett azonnali leolvasható hőmérő 160 °F-ot nem mutat, a paprikanegyedek pedig puha és enyhén megpirulnak, a pogácsákat és a paprikanegyedeket időnként megfordítva. A sütés felénél. Hagyjon 10-12 percet a pogácsákhoz és 8-10 percet a paprikanegyedekhez.

4. Amikor a paprikanegyedek készen vannak, csomagolja be őket egy darab alufóliába, hogy teljesen bezárja őket. Hagyja állni körülbelül 10 percig, vagy amíg kellően lehűl a kezeléshez. Éles késsel óvatosan távolítsa el a héját a borsról. A paprikát hosszában apró darabokra vágjuk.

5. Tálaláskor dobd össze az uborkasalátát, és oszlasd el egyenletesen négy nagy tálótányér között. Minden ételhez adjunk egy sertéspogácsát. A pirospaprika szeleteket egyenletesen halmozzuk a pogácsákra.

CUKKINIS CRUST PIZZA SZÁRÍTOTT PARADICSOM PESTOVAL, ÉDES PAPRIKÁVAL ÉS OLASZ KOLBÁSSZAL

HÁZI FELADAT:30 perc főzés: 15 perc sütés: 30 perc hozam: 4 adag

EZ KÉS-VILLÁS PIZZA.ÜGYELJEN ARRA, HOGY A KOLBÁSZT ÉS A PAPRIKÁT ENYHÉN BELENYOMKODJA A PESTOVAL BEVONT TÉSZÉBE, HOGY A FELTÉTEK ANNYIRA ÖSSZETAPADJANAK, HOGY A PIZZA TÖKÉLETESEN VÁGHATÓ LEGYEN.

2 evőkanál olívaolaj

1 evőkanál finomra őrölt mandula

1 nagy tojás, enyhén felverve

½ csésze mandulaliszt

1 evőkanál apróra vágott friss oregánó

¼ teáskanál fekete bors

3 gerezd fokhagyma, felaprítva

3½ csésze reszelt cukkini (2 közepes)

Olasz kolbász (lásd recept, lent)

1 evőkanál extra szűz olívaolaj

1 édes kaliforniai paprika (sárga, piros vagy fele), kimagozva és nagyon vékony csíkokra vágva

1 kis hagyma, vékonyra szeletelve

Aszalt paradicsom pesto (lásd recept, lent)

1. Melegítse elő a sütőt 425 °F-ra. Kenjen meg egy 12 hüvelykes pizzasütőt 2 evőkanál olívaolajjal. Megszórjuk őrölt mandulával; félretesz, mellőz.

2. Az alaphoz egy nagy tálban keverjük össze a tojást, a mandulalisztet, az oregánót, a fekete borsot és a

fokhagymát. Helyezze a reszelt cukkinit egy tiszta törülközőre vagy ruhadarabra. jól becsomagoljuk

CITROMMAL ÉS KORIANDERREL FÜSTÖLT BÁRÁNYCOMB GRILLEZETT SPÁRGÁVAL

BÚVÁR:30 perc előkészítés: 20 perc grillezés: 45 perc pihenés: 10 perc Előállítás: 6-8 adag

EGYSZERŰ, MÉGIS ELEGÁNS, EZ AZ ÉTEL MEGVANKÉT ALAPANYAG, AMI TAVASSZAL ÉLETRE KEL: A BÁRÁNY ÉS A SPÁRGA. A KORIANDERMAG PIRÍTÁSA FOKOZZA A MELEG, FÖLDES ÉS ENYHÉN FANYAR ÍZT.

1 csésze hikkori faforgács

2 evőkanál koriandermag

2 evőkanál finomra reszelt citromhéj

1½ teáskanál fekete bors

2 evőkanál apróra vágott friss kakukkfű

1 csont nélküli báránycomb, 2-3 font

2 csokor friss spárga

1 evőkanál olívaolaj

¼ teáskanál fekete bors

1 citrom negyedekre vágva

1. Főzés előtt legalább 30 perccel egy tálban áztasd be a kókuszdióhéjakat annyi vízbe, hogy ellepje; félretesz, mellőz. Közben egy kis serpenyőben pirítsd meg a koriandermagot közepes lángon körülbelül 2 percig, vagy amíg illatos és ropogós nem lesz, gyakran kevergetve. Távolítsa el a magokat a serpenyőből; hagyjuk kihűlni. Ha kihűltek a magok, törjük össze mozsárban (vagy tegyük vágódeszkára a magokat, és egy fakanál hátával törjük össze). Egy kis tálban keverje össze a zúzott

koriandermagot, a citromhéjat, 1½ teáskanál szegfűborsot és a kakukkfüvet; félretesz, mellőz.

2. Távolítsa el a hálót a báránysültről, ha van. Munkafelületen nyissa ki a grillt, zsíros oldalával lefelé. A fűszerkeverék felét szórjuk a húsra; Dörzsölje ujjaival. Tekerje fel a sültet, és kösse meg négy-hat darab 100% pamut konyhai zsineggel. A maradék fűszerkeveréket a sült külső felületére szórjuk, enyhén megnyomva, hogy összetapadjon.

3. Faszén grillezéshez tegyen szenet közepes lángon egy csepegtetőedény köré. Próbáljon közepes lángon a serpenyőben. A lecsepegtetett faforgácsot szórjuk a faszénre. Helyezze a báránysültet a csepegtetőtálcán lévő rácsra. Fedjük le és füstöljük 40-50 percig közepes hőfokon (145°F). (Gázgrillel előmelegítjük. Csökkentse a hőt közepesre. Indirekt főzéshez állítsa be. Füstölje meg a fentiek szerint, kivéve, ha a gyártó utasításai szerint adjon hozzá lecsepegtetett faforgácsot.) A sülteket lazán fedje le alufóliával. Felvágás előtt 10 percig pihentetjük.

4. Közben levágjuk a spárga fás hegyét. Egy nagy tálban dobd meg a spárgát az olívaolajjal és ¼ teáskanál borssal. Helyezze a spárgát a grill külső szélei köré, közvetlenül a parázsra és merőlegesen a grillrácsokra. Fedjük le és grillezzük 5-6 percig, amíg ropogós megpuhul. A citromkarikákat nyomkodjuk a spárgára.

5. Távolítsa el a zsinórt a báránysültről, és vágja vékonyra a húst. A húst grillezett spárgával tálaljuk.

LAMB HOT POT

HÁZI FELADAT:30 perc főzés: 2 óra 40 perc Hozam: 4 adag

MELEGÍTSE FEL EZZEL A FINOM PÖRKÖLTTELEGY ŐSZI VAGY TÉLI ÉJSZAKÁN. A PÖRKÖLTET DIJONI MUSTÁRRAL, KESUDIÓKRÉMMEL ÉS METÉLŐHAGYMÁVAL ÍZESÍTETT ZELLERGYÖKÉRBŐL ÉS PASZTERNÁKBÓL KÉSZÜLT BÁRSONYOS PÜRÉ FÖLÖTT TÁLALJUK. MEGJEGYZÉS: A ZELLER GYÖKERÉT NÉHA ZELLERNEK IS NEVEZIK.

10 fekete bors

6 zsályalevél

3 egész fűszer

2 2 hüvelykes csík narancshéj

2 kiló csont nélküli báránylapocka

3 evőkanál olívaolaj

2 közepes hagyma, durvára vágva

1 14,5 uncia lehet só nélkül hozzáadott apróra vágott paradicsom, nem lecsepegtetve

1½ csésze marhacsontleves (vörecept) vagy marhahúsleves hozzáadott só nélkül

¾ csésze száraz fehérbor

3 nagy gerezd fokhagyma, összetörve és meghámozva

2 font zellergyökér, meghámozva és 1 hüvelykes kockákra vágva

6 közepes paszternák, meghámozva és 1 hüvelykes szeletekre vágva (kb. 2 font)

2 evőkanál olívaolaj

2 evőkanál kesudiókrém (lásd<u>recept</u>)

1 evőkanál dijoni mustár (lásd<u>recept</u>)

¼ csésze apróra vágott metélőhagyma

1. A bouquet garnihoz vágjon egy 7 hüvelykes négyzet alakú sajtkendőt. Helyezze a borsot, a zsályát, a fűszereket és a narancshéjat a sajt közepére. Emelje fel a sajt sarkait, és

tiszta, 100% pamut konyhai zsinórral kösse meg szorosan. Félretesz, mellőz.

2. Vágja le a zsírt a bárány válláról; 1 hüvelykes darabokra vágott bárányhúst. Egy holland sütőben melegíts fel 3 evőkanál olívaolajat közepes lángon. A bárányhúst, ha szükséges, adagonként, forró olajban süssük barnulásig; Kivesszük a serpenyőből és melegen tartjuk. Adjunk hozzá hagymát a serpenyőbe; főzzük 5-8 percig, vagy amíg megpuhul és enyhén megpirul. Adjuk hozzá a csokor garnit, a ki nem csöpögtetett paradicsomot, 1¼ csésze marhacsontlevest, a bort és a fokhagymát. Hagyjuk felforrni; csökkentse a hőt. Lefedve pároljuk két órán át, alkalmanként megkeverve. Távolítsa el és dobja ki a bouquet garnit.

3. Közben a püré elkészítéséhez tegyük a zeller gyökerét és a paszternákot egy nagy serpenyőbe; lefedjük vízzel. Forraljuk fel közepesen magas lángon; csökkentse a hőt alacsonyra. Fedjük le, és pároljuk 30-40 percig, vagy amíg a zöldségek villával megszúrva nagyon szilárdak. Lefolyni; a zöldségeket robotgépbe tesszük. Adjunk hozzá maradék ¼ csésze marhacsontlevest és 2 evőkanál olajat; Addig pörgesse, amíg a püré majdnem sima, de még mindig állagú lesz, egyszer-kétszer megállva, hogy lekaparja az oldalát. Tegye át a pürét egy tálba. Adjuk hozzá a kesudiókrémet, a mustárt és a metélőhagymát.

4. Tálaláshoz osszuk el a pürét négy tálba; borítsd be Lamb Hot Pottal.

PÁROLT BÁRÁNYHÚS ZELLERGYÖKÉR TÉSZTÁVAL

HÁZI FELADAT:30 perces sütés: 1 óra 30 perc Hozam: 6 adag

A ZELLERGYÖKÉR TELJESEN MÁS MEGJELENÉST KÖLCSÖNÖZ.ÚGY EBBEN A PÖRKÖLTBEN, MINT A FORRÓ BÁRÁNYHÚSBAN (VÖRECEPT). A MANDOLINSZELETELŐ SEGÍTSÉGÉVEL NAGYON VÉKONY, ÉDES, DIÓS ÍZŰ GYÖKÉRCSÍKOKAT KÉSZÍTENEK. A "TÉSZTÁT" A PÖRKÖLTBEN PUHÁRA PÁROLJUK.

2 teáskanál citromfű fűszer (lásdrecept)

1½ font báránypörkölt hús, 1 hüvelykes kockákra vágva

2 evőkanál olívaolaj

2 csésze apróra vágott hagyma

1 csésze apróra vágott sárgarépa

1 csésze kockára vágott karalábé

1 evőkanál darált fokhagyma (6 gerezd)

2 evőkanál só nélkül hozzáadott paradicsompüré

½ csésze száraz vörösbor

4 csésze marhacsontleves (vörecept) vagy marhahúsleves hozzáadott só nélkül

1 babérlevél

2 csésze 1 hüvelykes kockára vágott sütőtök

1 csésze apróra vágott padlizsán

1 font zellergyökér, meghámozva

apróra vágott friss petrezselyem

1. Melegítse elő a sütőt 250° F-ra. Szórja meg a citromfűszert egyenletesen a bárányhúsra. Óvatosan keverjük össze, hogy bevonja. Melegítsen fel egy 6-8 literes holland sütőt közepesen magas lángon. Adjunk hozzá 1 evőkanál olívaolajat és a fűszerezett bárányhús felét a holland

sütőben. A húst forró olajban minden oldalról megsütjük; A megsült húst tegyük egy tányérra, és ismételjük meg a többi bárányhússal és az olívaolajjal. Csökkentse a hőt közepesre.

2. Adja hozzá a hagymát, a sárgarépát és a fehérrépát az edénybe. Főzzük és keverjük a zöldségeket 4 percig; adjuk hozzá a fokhagymát és a paradicsompürét, és főzzük még egy percig. Hozzáadjuk a vörösbort, a marhacsontlevest, a babérlevelet, és a fenntartott húst és az edényben felgyülemlett levet. Forraljuk fel a keveréket. Fedjük le és helyezzük a holland sütőt az előmelegített sütőbe. Egy órán át sütjük. Adjuk hozzá a sütőtököt és a padlizsánt. Visszatesszük a sütőbe, és további 30 percig sütjük.

3. Amíg a pörkölt a sütőben van, egy mandolin segítségével szeleteljük fel nagyon vékonyra a zeller gyökerét. Vágja a zeller gyökerét ½ hüvelyk széles csíkokra. (Kb. 4 csésze kell.) A pörköltbe keverjük a zeller gyökércsíkokat. Pároljuk körülbelül 10 percig, vagy amíg megpuhul. Tálalás előtt távolítsa el és dobja ki a babérlevelet. Mindegyik adagot megszórjuk apróra vágott petrezselyemmel.

BÁRÁNYSZELET FŰSZERES GRÁNÁTALMA SZÓSSZAL ÉS DATOLYÁVAL

HÁZI FELADAT:10 perc főzés: 18 perc hűtés: 10 perc Hozam: 4 adag

A "FRANCIA" KIFEJEZÉS BORDÁRA UTALAMELYRŐL ÉLES KONYHAKÉSSEL TÁVOLÍTOTTÁK EL A ZSÍRT, A HÚST ÉS A KÖTŐSZÖVETET. EZ EGY VONZÓ BEMUTATÓ. KÉRJE MEG A HENTESÉT, VAGY MEGTEHETI SAJÁT MAGA.

CHUTNEY

½ csésze cukrozatlan gránátalmalé

1 evőkanál friss citromlé

1 mogyoróhagyma meghámozva és vékonyan karikákra szeletelve

1 teáskanál finomra reszelt narancshéj

⅓ csésze apróra vágott Medjool datolya

¼ teáskanál törött pirospaprika

¼ csésze gránátalma*

1 evőkanál olívaolaj

1 evőkanál friss olasz petrezselyem (lapos levél), apróra vágva

BÁRÁNYBORDA

2 evőkanál olívaolaj

8 rács francia stílusú bárányszelet

1. A csípős szószhoz egy kis serpenyőben keverjük össze a gránátalma levét, a citromlevet és a medvehagymát. Hagyjuk felforrni; csökkentse a hőt. Pároljuk fedő nélkül 2 percig. Hozzáadjuk a narancshéjat, a tamalt és a törött pirospaprikát. Hagyjuk állni, amíg kihűl, körülbelül 10 percig. Adjuk hozzá a gránátalmavirágot, 1 evőkanál

olívaolajat és a petrezselymet. Tálalásig szobahőmérsékleten állni hagyjuk.

2. A karajhoz hevíts fel 2 evőkanál olívaolajat egy nagy serpenyőben, közepes lángon. Tételekben dolgozva tegye a karajokat a serpenyőbe, és közepes lángon (145°F) főzzük 6-8 percig, egyszer megforgatva. A szeleteket bekenjük a forró mártással.

*Megjegyzés: A friss gránátalma és a hozzá tartozó magvak októbertől februárig kaphatók. Ha nem találja őket, használjon cukrozatlan szárított magvakat, hogy ropogóssá tegye a chutney-t.

CHIMICHURRI BÁRÁNYSZELET RETEK KÁPOSZTA SÓVAL

HÁZI FELADAT:30 perc pácolás: 20 perc főzés: 20 perc hozam: 4 adag

ARGENTÍNÁBAN A CHIMICHURRI A LEGNÉPSZERŰBB FŰSZER.AZ ADOTT ORSZÁGBAN JÓL ISMERT GAUCHO-STÍLUSÚ GRILLEZETT STEAK MELLÉ KERÜL. SOKFÉLE VARIÁCIÓ LÉTEZIK, DE A SŰRŰ GYÓGYNÖVÉNYMÁRTÁST ÁLTALÁBAN PETREZSELYEMMEL, KORIANDERREL VAGY OREGÁNÓVAL, MEDVEHAGYMÁVAL ÉS/VAGY FOKHAGYMÁVAL, TÖRÖTT PIROSPAPRIKÁVAL, OLÍVAOLAJJAL ÉS VÖRÖSBORECETTEL KÉSZÍTIK. GRILLEZETT STEAK-HEZ KIVÁLÓ, DE EGYFORMÁN ZSENIÁLIS GRILLEZETT VAGY SERPENYŐBEN SÜLT BÁRÁNY-, CSIRKE- ÉS SERTÉSSZELETEKHEZ.

- 8 báránykaraj szelet, 1 hüvelyk vastagra vágva
- ½ csésze chimichurri szósz (lásd recept)
- 2 evőkanál olívaolaj
- 1 édes hagyma félbevágva és felszeletelve
- 1 teáskanál köménymag, zúzott*
- 1 gerezd darált fokhagyma
- 1 fej radicchio, kimagozzuk és vékony csíkokra vágjuk
- 1 evőkanál balzsamecet

1. Helyezze a bárányszeleteket egy extra nagy tálba. Meglocsoljuk 2 evőkanál chimichurri szósszal. Az ujjaival dörzsölje be a szósszal minden szelet felületét. Hagyja a karajokat szobahőmérsékleten 20 percig pácolódni.

2. Eközben a pirított Radicchio salátához egy extra nagy serpenyőben hevíts fel 1 evőkanál olívaolajat. Adjuk hozzá a hagymát, a köménymagot és a fokhagymát; főzzük 6-7

percig, vagy amíg a hagyma megpuhul, gyakran kevergetve. Adjuk hozzá a radicchiót; főzzük 1-2 percig, vagy amíg a radicchio kissé megfonnyad. Tegye át a salátát egy nagy tálba. Adjuk hozzá a balzsamecetet, és jól keverjük össze. Fedjük le és tartsuk melegen.

3. Tisztítsa meg a serpenyőt. Adjuk hozzá a maradék 1 evőkanál olívaolajat a serpenyőbe, és melegítsük közepesen magas lángon. Adjunk hozzá bárányszeleteket; csökkentse a hőt közepesre. Főzzük 9-11 percig, vagy a kívánt készre, időnként megforgatva a karajokat csipesszel.

4. A karajokat a maradék salátával és a chimichurri szósszal tálaljuk.

*Megjegyzés: A köménymag töréséhez használjon mozsárt és mozsártörőt, vagy helyezze a magokat egy vágódeszkára, és törje össze egy szakácskéssel.

BÁRÁNYSZELET SZARDELLA ÉS ZSÁLYA, SÁRGARÉPA ÉS ÉDESBURGONYA REMULÁDÉVAL

HÁZI FELADAT:12 perc hideg: 1-2 óra grill: 6 perc: 4 adag

HÁROMFÉLE BÁRÁNYSZELET LÉTEZIK.A VASTAG, HÚSOS SZELET ÚGY NÉZ KI, MINT A KIS RIBEY. AZ ITT ELNEVEZETT BORDÁKAT EGY BÁRÁNYÁLLVÁNY CSONTJAI KÖZÖTTI VÁGÁSSAL HOZZÁK LÉTRE. NAGYON ÉRZÉKENYEK, ÉS VONZÓ HOSSZÚ CSONTJUK VAN AZ OLDALÁN. GYAKRAN GRILLEZVE VAGY GRILLEZVE TÁLALJÁK. AZ OLCSÓ LAPOCKA VALAMIVEL ZSÍROSABB ÉS KEVÉSBÉ PUHA, MINT A MÁSIK KÉT TÍPUS. A LEGJOBB, HA MEGPIRÍTJUK, MAJD BORBAN, ALAPLÉBEN ÉS PARADICSOMBAN VAGY EZEK KOMBINÁCIÓJÁBAN MEGFŐZZÜK.

- 3 közepes sárgarépa durvára reszelve
- 2 kis édesburgonya, reszelve* vagy durvára reszelve
- ½ csésze Paleo Mayo (vörecept)
- 2 evőkanál friss citromlé
- 2 teáskanál dijoni mustár (lásdrecept)
- 2 evőkanál apróra vágott friss petrezselyem
- ½ teáskanál fekete bors
- 8 rács bárányszelet ½-¾ hüvelyk vastagra szeletelve
- 2 evőkanál apróra vágott friss zsálya vagy 2 teáskanál szárított zsálya, összetörve
- 2 teáskanál őrölt ancho chile
- ½ teáskanál fokhagymapor

1. A remuládéhoz egy közepes tálban keverjük össze a sárgarépát és az édesburgonyát. Egy kis tálban keverje össze a Paleo Mayo-t, a citromlevet, a dijoni mustárt, a petrezselymet és a fekete borsot. Öntsük rá a sárgarépát

és az édesburgonyát; kabátba dobni. Fedjük le és hűtsük le 1-2 órát.

2. Közben egy kis tálban keverjük össze a zsályát, az ancho chile-t és a fokhagymaport. A fűszerkeverékkel bedörzsöljük a bárányszeleteket.

3. Faszén- vagy gázgrillnél a bárányszeleteket közvetlenül közepes lángon grillre helyezzük. Fedjük le és grillezzük 6–8 percig közepesen ritka (145 °F) vagy 10–12 percig közepes (150 °F) esetén, a grillezés felénél egyszer megfordítva.

4. A báránybordát a remuládéval tálaljuk.

*Megjegyzés: Az édesburgonya szeleteléséhez használjon mandolint julienne rögzítéssel.

TÖLTÖTT BÁRÁNYBURGER A KERTBŐL, PIROSPAPRIKA COULIS-SZAL

HÁZI FELADAT:20 perc pihentetés: 15 perc grill: 27 perc hozam: 4 adag

A COULIS NEM MÁS, MINT EGY EGYSZERŰ, SIMA SZÓSZ. GYÜMÖLCS- VAGY ZÖLDSÉGPÜRÉVEL KÉSZÜL. A FÉNYES ÉS GYÖNYÖRŰ PIROSPAPRIKA SZÓSZ EZEKHEZ A BÁRÁNYHAMBURGEREKHEZ DUPLA ADAG FÜSTÖT KAP: A GRILLSÜTŐBŐL ÉS EGY ADAG FÜSTÖLT PAPRIKÁBÓL.

PIROSPAPRIKA COULIS
- 1 nagy piros kaliforniai paprika
- 1 evőkanál száraz fehérbor vagy fehérborecet
- 1 teáskanál olívaolaj
- ½ teáskanál füstölt paprika

BURGEREK
- ¼ csésze kénmentes szárított paradicsom, csíkokra vágva
- ¼ csésze reszelt cukkini
- 1 evőkanál apróra vágott friss bazsalikom
- 2 teáskanál olívaolaj
- ½ teáskanál fekete bors
- 1,5 font őrölt bárányhús
- 1 tojásfehérje enyhén felverve
- 1 evőkanál mediterrán fűszerezés (lásd recept)

1. A pirospaprika coulishoz helyezze a pirospaprikát közvetlenül a grillre közepes lángon. Fedjük le, és grillezzük 15-20 percig, vagy amíg elszenesedik és nagyon megpirul, 5 percenként fordítsuk meg a borsot, hogy minden oldala megpiruljon. Vegyük le a grillről, és azonnal

tegyük papírzacskóba vagy alufóliába, hogy teljesen bezárja a borsot. Hagyja állni 15 percig, vagy amíg kellően lehűl a kezeléshez. Éles késsel óvatosan távolítsa el a bőrt és dobja ki. A paprikát hosszában negyedelje, szárát, magját és hártyáját távolítsa el. Aprítógépben keverjük össze a sült kaliforniai paprikát, a bort, az olívaolajat és a füstölt paprikát. Fedjük le és dolgozzuk fel vagy turmixoljuk simára.

2. Közben a töltelékhez az aszalt paradicsomot egy kis tálba tesszük, és felöntjük forrásban lévő vízzel. Hagyja ülni 5 percig; lefolyni. A paradicsomot és a reszelt cukkinit papírtörlővel szárítsa meg. Egy kis tálban keverje össze a paradicsomot, a cukkinit, a bazsalikomot, az olívaolajat és a ¼ teáskanál fekete borsot; félretesz, mellőz.

3. Egy nagy tálban keverje össze a darált bárányhúst, a tojásfehérjét, ¼ teáskanál maradék fekete borsot és a mediterrán fűszereket; jól keverjük össze. Osszuk a húskeveréket nyolc egyenlő részre, és formázzuk mindegyikből ¼ hüvelyk vastag pogácsát. Öntsük a tölteléket négy pogácsára; a maradék pogácsákra, a széleit összecsípve, hogy lezárjuk a tölteléket.

4. Helyezze a hamburgert közvetlenül a grillre közepes lángon. Fedjük le és grillezzük 12-14 percig, vagy amíg kész (160°F), a grillezés felénél egyszer fordítsuk meg.

5. Tálaláskor a hamburgereket megkenjük pirospaprika coulisszal.

BÁRÁNYNYÁRS DUPLA OREGÁNÓVAL ÉS TZATZIKI SZÓSSZAL

BÚVÁR:30 perc elkészítési idő: 20 perc hűtés: 30 perc főzés: 8 perc Előállítás: 4 adag

EZEK A BÁRÁNYNYÁRSAK LÉNYEGÉBENAMIT A FÖLDKÖZI-TENGEREN ÉS A KÖZEL-KELETEN KOFTA NÉVEN ISMERNEK: A FŰSZEREZETT DARÁLT HÚSBÓL (ÁLTALÁBAN BÁRÁNY- VAGY MARHAHÚSBÓL) GOLYÓKAT VAGY NYÁRS KÖRÜL FORMÁLNAK, MAJD GRILLEZNEK. A FRISS ÉS SZÁRÍTOTT OREGÁNÓ NAGYSZERŰ GÖRÖG ÍZT AD NEKIK.

8 db 10 hüvelykes fa nyárs

BÁRÁNYNYÁRSAK

- 1,5 kiló sovány darált bárány
- 1 kisebb vöröshagyma lereszelve és szárazra nyomva
- 1 evőkanál apróra vágott friss oregánó
- 2 teáskanál szárított oregánó, összetörve
- 1 teáskanál fekete bors

TZATZIKI SZÓSZ

- 1 csésze Paleo Mayo (vörecept)
- ½ nagy uborka, kimagozva, felszeletelve és szárazra préselve
- 2 evőkanál friss citromlé
- 1 gerezd darált fokhagyma

1. Áztasd be a nyársakat annyi vízbe, hogy 30 percre ellepje.

2. A báránynyárshoz egy nagy tálban keverje össze a darált bárányt, a hagymát, a friss és szárított oregánót és a borsot; jól keverjük össze. Osszuk a báránykeveréket nyolc egyenlő részre. Formáljon minden részt egy nyárs közepe körül, és hozzon létre egy 5 × 1 hüvelykes rönköt. Fedjük le és hűtsük legalább 30 percig.

3. Eközben a Tzatziki szószhoz egy kis tálban keverje össze a Paleo Mayo-t, az uborkát, a citromlevet és a fokhagymát. Tálalásig letakarva hűtjük.

4. Faszén- vagy gázgrill esetén a báránynyársakat közepes lángon közvetlenül a grillre helyezzük. Fedjük le és grillezzük kb. 8 percig közepes lángon (160°F), a grill felénél egyszer fordítsuk meg.

5. Tálaljuk a báránynyársakat Tzatziki szósszal.

SÜLT CSIRKE SÁFRÁNNYAL ÉS CITROMMAL

HÁZI FELADAT:15 perc hűtés: 8 óra sütés: 1 óra 15 perc pihenés: 10 perc hozam: 4 adag

A SÁFRÁNY A SZÁRÍTOTT PORZÓEGYFAJTA SÁFRÁNY VIRÁG. DRÁGA, DE EGY KICSIT SOKRA MEGY. JELLEGZETES FÖLDES ÍZT ÉS GYÖNYÖRŰ SÁRGA ÁRNYALATOT KÖLCSÖNÖZ ENNEK A ROPOGÓS KÉREGŰ SÜLT CSIRKÉNEK.

1 egész csirke, 4-5 font
3 evőkanál olívaolaj
6 gerezd fokhagyma, összetörve és meghámozva
1½ evőkanál finomra reszelt citromhéj
1 evőkanál friss kakukkfű
1½ teáskanál őrölt fekete bors
½ teáskanál sáfrányszál
2 babérlevél
1 citrom negyedekre vágva

1. Távolítsa el a csirke nyakát és belsőségét; dobja ki vagy mentse el más célra. Öblítse le a csirke testüregét; papírtörlővel szárítsuk meg. Vágja le a felesleges bőrt vagy zsírt a csirkéből.

2. Egy robotgépben keverjük össze az olívaolajat, a fokhagymát, a citromhéjat, a kakukkfüvet, a borsot és a sáfrányt. Folyamatosan sima pasztát képezzen.

3. Az ujjaival dörzsölje be a masszával a csirke külső felületét és a belső üreget. Tegye át a csirkét egy nagy tálba; letakarva legalább 8 órára vagy egy éjszakára hűtőbe tesszük.

4. Melegítse elő a sütőt 425 °F-ra. Helyezze a citromnegyedeket és a babérleveleket a csirke üregébe. Kösd meg a lábakat 100% pamut konyhai zsineggel. Tedd a szárnyakat a csirke alá. Helyezzen be egy húshőmérőt a comb izomzatába anélkül, hogy megérintené a csontot. Helyezze a csirkét egy rácsra egy nagy tepsibe.

5. Grillezzük 15 percig. Csökkentse a sütő hőmérsékletét 375 °F-ra. Pörkölje kb. 1 órával tovább, vagy amíg a lé ki nem folyik, és a hőmérő 175 °F-ot nem mutat. Felvágás előtt 10 percig pihentetjük.

SPATCHCOCKED CSIRKE JICAMA SALÁTÁVAL

HÁZI FELADAT: 40 perc grillezés: 1 óra 5 perc pihenés: 10 perc hozam: 4 adag

A "SPATCHCOCK" EGY RÉGI FŐZÉSI KIFEJEZÉS AMELYET A KÖZELMÚLTBAN ÚJRA FELHASZNÁLTAK ANNAK A FOLYAMATNAK A LEÍRÁSÁRA, AMIKOR EGY KIS MADARAT, PÉLDÁUL CSIRKÉT VAGY CORNWALLI TYÚKOT HÁTULRÓL KETTÉSZELNEK, MAJD FELNYITJÁK ÉS ELLAPÍTJÁK, MINT EGY KÖNYVET, HOGY GYORSABBAN ÉS EGYENLETESEBBEN FŐHESSENEK. HASONLÓ A LEPKÉK REPÜLÉSÉHEZ, DE CSAK A MADARAKRA UTAL.

CSIRKE

- 1 poblano chile
- 1 evőkanál finomra vágott medvehagyma
- 3 gerezd fokhagyma, felaprítva
- 1 teáskanál finomra reszelt citromhéj
- 1 teáskanál finomra reszelt lime héj
- 1 teáskanál füstölt fűszerezés (lásd recept)
- ½ teáskanál szárított oregánó, összetörve
- ½ teáskanál őrölt kömény
- 1 evőkanál olívaolaj
- 1 egész csirke, 3-3½ font

KÁPOSZTA SALÁTA

- ½ közepes jicama, meghámozva és kimagozva (kb. 3 csésze)
- ½ csésze vékonyra szeletelt metélőhagyma (4)
- 1 Granny Smith alma, meghámozva, kimagozva és kicsumázva
- ⅓ csésze apróra vágott friss koriander
- 3 evőkanál természetes narancslé
- 3 evőkanál olívaolaj

1 teáskanál citromfűfűszer (lásd<u>recept</u>)

1. Faszén grillezéshez helyezzen közepesen forró szenet a grill egyik oldalára. Helyezzen egy csepptálcát az állvány üres oldala alá. Helyezze a poblano-t a grillrácsra közvetlenül a közepes szén fölé. Fedjük le, és grillezzük 15 percig, vagy amíg a poblano minden oldala megpirul, időnként megforgatva. Azonnal csomagolja be a poblano-t alufóliába; 10 percig pihentetjük. Nyissa ki a fóliát, és vágja félbe a poblano-t hosszában; távolítsa el a szárat és a magokat (lásd<u>dönthető</u>). Éles késsel óvatosan távolítsa el a bőrt és dobja ki. A poblanot apróra vágjuk. (Gázgrillnél melegítse elő a grillt; mérsékelje a hőt közepesre. Indirekt sütéshez állítsa be. A fentiek szerint grillezzen égő égőn.)

2. Az öntethez egy kis tálban keverjük össze a poblano-t, a medvehagymát, a fokhagymát, a citromhéjat, a lime héját, a füstfűszert, az oregánót és a köményt. Adjuk hozzá az olajat; jól keverjük össze, hogy pasztát kapjunk.

3. A csirke filézéséhez távolítsa el a nyakát és a belsőségeket (kivéve más célra). Helyezze a csirkét a mellével lefelé egy vágódeszkára. Konyhai ollóval vágjon hosszában a gerinc egyik oldalán, a nyak végétől kezdve. Ismételje meg a hosszanti vágást a gerinc másik oldalán. Távolítsa el és dobja el a gerincet. Helyezze a csirkét bőrös oldalával felfelé. Nyomja le a mellek közé, hogy széttörje a melleket, hogy a csirke laposan feküdjön.

4. A mell egyik oldalán a nyaktól kezdve csúsztassa ujjait a bőr és a hús közé, lazítsa meg a bőrt, miközben a comb felé halad. Lazítsa meg a bőrt a comb körül. Ismételje meg a másik oldalon. Ujjaival oszlassa el a dörzsölést a húson a csirke bőre alatt.

5. Helyezze a csirkét a mellével lefelé egy rácsra a csepegtetőtál fölé. Súly két fóliába csomagolt téglával vagy egy nagy öntöttvas serpenyővel. Fedjük le és grillezzük 30 percig. Fordítsa a csirkét csontos felével lefelé egy rácsra, súlyozza át egy téglával vagy serpenyővel. Lefedve grillezzük még körülbelül 30 percig, vagy amíg a csirke már nem rózsaszínű (175°F a comb izma). Távolítsa el a csirkét a grillről; 10 percig pihentetjük. (Gázgrillel a csirkét a tűztől távolabb helyezze rácsra. A fent leírtak szerint grillezzen.)

6. Eközben a salátához egy nagy tálban keverjük össze a jicamát, a mogyoróhagymát, az almát és a koriandert. Egy kis tálban keverjük össze a narancslevet, az olajat és a citromfűszert. Öntsük rá a jicama keveréket, és dobjuk bevonni. A csirkét a salátával tálaljuk.

HÁTSÜLT CSIRKE VODKÁVAL, SÁRGARÉPÁVAL ÉS PARADICSOMSZÓSSZAL

HÁZI FELADAT:15 perc főzés: 15 perc sütés: 30 perc hozam: 4 adag

A VODKA TÖBBBŐL IS KÉSZÍTHETŐKÜLÖNBÖZŐ ÉLELMISZEREK, PÉLDÁUL BURGONYA, KUKORICA, ROZS, BÚZA ÉS ÁRPA, SŐT SZŐLŐ IS. BÁR EBBEN A SZÓSZBAN NINCS SOK VODKA, HA NÉGY ADAGRA OSZTOD, A PALEO-MEGFELELŐSÉG ÉRDEKÉBEN KERESS BURGONYÁBÓL VAGY SZŐLŐBŐL KÉSZÜLT VODKÁT.

3 evőkanál olívaolaj

4 csontos csirkecomb negyed vagy csirkedarab hússal, bőr nélkül

1 28 uncia konzerv szilvás paradicsom hozzáadott só nélkül, lecsepegtetve

½ csésze finomra vágott hagyma

½ csésze finomra vágott sárgarépa

3 gerezd fokhagyma, felaprítva

1 teáskanál mediterrán fűszerezés (lásd recept)

⅛ teáskanál cayenne bors

1 szál friss rozmaring

2 evőkanál vodka

1 evőkanál apróra vágott friss bazsalikom (elhagyható)

1. Melegítse elő a sütőt 375° F-ra. Egy extra nagy serpenyőben melegítsen fel 2 evőkanál olajat közepesen magas hőfokon. Adjunk hozzá csirkét; főzzük kb. 12 percig, vagy amíg meg nem pirul, majd fordítsuk meg az egyenletes főzés érdekében. Helyezze a serpenyőt az előmelegített sütőbe. Fedő nélkül grillezzük 20 percig.

2. Közben a szószhoz konyhai ollóval vágjuk fel a paradicsomot. Egy közepes lábosban közepes lángon

hevítsük fel a maradék teáskanál olajat. Adjuk hozzá a hagymát, a sárgarépát és a fokhagymát; főzzük 3 percig, vagy amíg megpuhul, gyakran kevergetve. Hozzáadjuk a felkockázott paradicsomot, a mediterrán fűszereket, a cayenne borsot és a rozmaring ágat. Forraljuk fel közepesen magas lángon; csökkentse a hőt. Fedő nélkül 10 percig pároljuk, időnként megkeverve. Adjuk hozzá a vodkát; főzzük még 1 percig; távolítsa el és dobja ki a rozmaring ágat.

3. Serpenyőben serpenyőben tálaljuk a szószt. Tegye vissza a serpenyőt a sütőbe. Lefedve grillezzen még körülbelül 10 percig, vagy amíg a csirke meg nem sül, és már nem rózsaszínű (175°F). Kívánság szerint megszórjuk bazsalikommal.

POULET RÔTI ÉS RUTABAGA FRITES

HÁZI FELADAT:40 perc Sütés: 40 perc Hozam: 4 adag

A ROPOGÓS KARALÁBÉ CHIPS FINOMROTISSERIE CSIRKÉVEL ÉS A HOZZÁ TARTOZÓ FŐZŐLEVEKKEL TÁLALVA, DE ÖNMAGUKBAN IS UGYANOLYAN ÍZLETESEK, ÉS PALEO PARADICSOMSZÓSSZAL TÁLALJÁK (LÁSD<u>RECEPT</u>) VAGY BELGA MÓDRA PALEO AIOLIVAL (FOKHAGYMÁS MAJONÉZ, LD<u>RECEPT</u>).

6 evőkanál olívaolaj

1 evőkanál mediterrán fűszerezés (lásd<u>recept</u>)

4 csont nélküli, bőr nélküli csirkecomb (összesen kb. 1¼ font)

4 bőr nélküli csirkecomb (összesen körülbelül fél kiló)

1 pohár száraz fehérbor

1 csésze csirke csontleves (lásd<u>recept</u>) vagy sózatlan csirkehúsleves

1 kisebb hagyma, negyedelve

Olivaolaj

1½-2 font rutabaga

2 evőkanál apróra vágott friss metélőhagyma

Fekete bors

1. Melegítse elő a sütőt 400° F. Egy kis tálban keverjen össze 1 evőkanál olívaolajat és mediterrán fűszereket; Dörzsölje rá a csirkedarabokat. Egy extra nagy tűzálló serpenyőben hevíts fel 2 evőkanál olajat. Hozzáadjuk a csirkedarabokat, a hús felével lefelé. Főzzük, fedő nélkül, körülbelül 5 percig, vagy amíg meg nem pirul. Vegyük le a serpenyőt a tűzről. A csirkedarabokat megfordítjuk, barna oldalukkal felfelé. Adjuk hozzá a bort, a csirkehúslevest és a hagymát.

2. Helyezzen egy serpenyőt a sütőbe a középső rácsra. Fedő nélkül 10 percig sütjük.

3. Közben a krumplihoz egy nagy tepsit enyhén megkenünk olívaolajjal; félretesz, mellőz. Hámozzuk meg a karalábét. Egy éles késsel vágja a rutabagát ½ hüvelykes szeletekre. A szeleteket hosszában fél centis csíkokra vágjuk. Egy nagy tálban dobd meg a karalábé csíkokat a maradék 3 evőkanál olajjal. A karalábé csíkokat egy rétegben terítse el egy előkészített tepsire; sütőbe tesszük a felső rácsra. 15 percig sütjük; megfordítjuk a krumplit. Süsse a csirkét további 10 percig, vagy amíg már nem rózsaszínű (175°F). Vegye ki a csirkét a sütőből. Süssük a krumplit 5-10 percig, vagy amíg aranybarna és puha nem lesz.

4. Vegye ki a csirkét és a hagymát a serpenyőből, a levét tartsa le. Fedjük le a csirkét és a hagymát, hogy melegen tartsuk. Forraljuk fel a levet közepes lángon; csökkentse a hőt. Fedő nélkül pároljuk még körülbelül 5 percig, vagy amíg a lé kissé el nem csökken.

5. Tálaláskor dobd meg a chipseket metélőhagymával, és fűszerezd borssal. A csirkét főzőlével és sült krumplival tálaljuk.

COQ AU VIN HÁROM GOMBÁVAL RUTABAGA ÉS METÉLŐHAGYMA PÜRÉVEL

HÁZI FELADAT:15 perc főzés: 1 óra 15 perc Hozam: 4-6 adag

HA HOMOK VAN A TÁLBANA SZÁRÍTOTT GOMBA BEÁZTATÁSA UTÁN, ÉS VALÓSZÍNŰLEG LESZ IS, NYOMD ÁT A FOLYADÉKOT EGY DUPLA VASTAGSÁGÚ, FINOMHÁLÓS SZŰRŐBE HELYEZETT SAJTRONGYON.

1 uncia szárított vargánya vagy morzsa

1 csésze forrásban lévő víz

2-2½ font csirkecomb és comb, a bőrt eltávolítva

Fekete bors

2 evőkanál olívaolaj

2 közepes póréhagyma hosszában félbevágva, leöblítve és vékonyra szeletelve

2 portobello gomba, szeletelve

8 uncia friss laskagomba szárral és szeletelve, vagy friss gomba szeletelve

¼ csésze paradicsompüré hozzáadott só nélkül

1 teáskanál szárított majoránna, összetörve

½ teáskanál szárított kakukkfű, összetörve

½ csésze száraz vörösbor

6 csésze csirke csontleves (lásd<u>recept</u>) vagy sózatlan csirkehúsleves

2 babérlevél

2-2½ font rutabaga, meghámozva és apróra vágva

2 evőkanál apróra vágott friss metélőhagyma

½ teáskanál fekete bors

apróra vágott friss kakukkfű (elhagyható)

1. Egy kis tálban keverjük össze a vargányát és a forrásban lévő vizet; 15 percig pihentetjük. Távolítsuk el a gombát,

az áztatófolyadékot tartalékoljuk. A gombát apróra vágjuk. A gombát és az áztatófolyadékot félretesszük.

2. A csirkét megszórjuk borssal. Egy extra nagy serpenyőben, szorosan záródó fedővel melegíts fel 1 evőkanál olívaolajat közepesen magas lángon. Süsd a csirkedarabokat két részletben forró olajban körülbelül 15 percig, amíg enyhén megpirulnak, majd egyszer fordítsd meg. Vegye ki a csirkét a serpenyőből. Hozzáadjuk a póréhagymát, a portobello gombát és a laskagombát. Főzzük 4-5 percig, vagy amíg a gomba barnulni kezd, időnként megkeverve. Adjunk hozzá paradicsompürét, majoránnát és kakukkfüvet; főzzük és keverjük 1 percig. Adjuk hozzá a bort; főzzük és keverjük 1 percig. Adjunk hozzá 3 csésze csirkehúslevest, babérlevelet, ½ csésze fenntartott gombaáztató folyadékot és ismét aprított gombát. Tegye vissza a csirkét a serpenyőbe. Hagyjuk felforrni; csökkentse a hőt. Pároljuk, lefedve,

3. Közben egy nagy serpenyőben keverje össze a rutabagákat és a maradék 3 csésze húslevest. Ha szükséges, adjunk hozzá vizet, hogy ellepje a karalábé. Hagyjuk felforrni; csökkentse a hőt. Fedő nélkül pároljuk 25-30 percig, vagy amíg a rutabaga megpuhul, időnként megkeverve. A rutabagákat lecsepegtetjük, a folyadékot félretesszük. Tegye vissza a rutabagákat a serpenyőbe. Adjuk hozzá a maradék teáskanál olívaolajat, a metélőhagymát és egy fél teáskanál borsot. Burgonyanyomóval pépesítsük a karalábékeveréket, szükség szerint adjunk hozzá főzőfolyadékot a kívánt állag eléréséhez.

4. Távolítsa el a babérleveleket a csirkehús keverékből;
   fegyverek Tálaljuk a csirkét és a szószt a rutabaga pürére.
   Kívánság szerint megszórjuk friss kakukkfűvel.

BRANDY-BARACK MAZAS DOBVEROK

HAZI FELADAT: 30 perc grillezés: 40 perc hozam: 4 adag

EZEK A CSIRKE LABAK TÖKELETESEKROPOGOS SALATAVAL ES FUSZERESEN SÜLT EDESBURGONYAVAL A TUNEZIAI FUSZEREZETT SERTES LAPOCKA RECEPT ALAPJAN (LASD<u>RECEPT</u>). ITT EGY ROPOGOS SALATAVAL LATHATOK, RETEKKEL, MANGOVAL ES MENTAVAL (LASD<u>RECEPT</u>).

BARACKPALINKAS MAZ

1 evőkanál olívaolaj

½ csésze apróra vágott hagyma

2 közepes friss őszibarack félbevágva, kimagozva és apróra vágva

2 evőkanál brandy

1 csésze BBQ szósz (lásd<u>recept</u>)

8 csirkecomb (összesen 2-2½ font), a bőrt, ha szükséges, eltávolítjuk

1. A mázhoz egy közepes lábosban hevítsük fel az olívaolajat közepes lángon. Adjuk hozzá a hagymát; körülbelül 5 percig főzzük, vagy amíg megpuhul, időnként megkeverve. Adjuk hozzá az őszibarackot. Fedjük le és főzzük 4-6 percig, vagy amíg az őszibarack megpuhul, időnként megkeverve. Adjunk hozzá pálinkát; főzzük, fedő nélkül, 2 percig, alkalmanként megkeverve. Hagyjuk kicsit hűlni. Tegye át az őszibarack keveréket turmixgépbe vagy konyhai robotgépbe. Fedjük le és turmixoljuk vagy dolgozzuk simára. Adjuk hozzá a BBQ szószt. Fedjük le és turmixoljuk vagy dolgozzuk simára. Tegye vissza a szószt a serpenyőbe. Közepes-alacsony lángon főzzük, amíg át nem melegszik. Öntsön ¾ csésze szószt egy kis tálba a

csirkéhez. A maradék szószt melegen tartva tálaljuk a grillcsirke mellé.

2. Faszén grillezéshez tegyen szenet közepes lángon egy csepegtető serpenyő köré. Próbáljon közepes hőt a csepegtetőtálcán. Helyezze a csirkecombokat a grillrácsra a csepegtetőtálca fölé. Fedje le és grillezze 40-50 percig, vagy amíg a csirke már nem rózsaszínű (175°F), a sütés felénél egyszer fordítsa meg, és kenje meg ¾ csésze barackos pálinkamázzal a sütés utolsó 5-10 percében. (Gázsütőnél melegítse elő a grillt. Csökkentse a hőt közepesre. Állítsa be a hőt a közvetett sütéshez. A csirkecombokat tegye rácsra, ne melegítse túl. Fedje le és grillezze az utasításoknak megfelelően.)

CHILE PACOLT CSIRKE MANGOVAL ES DINNYE SALATAVAL

HAZI FELADAT:40 perc Hűtés/marinálás: 2-4 óra Grill: 50 perc Előállítás: 6-8 adag

AZ ANCHO CHILE EGY SZARAZ POBLANO– FENYES, SÖTETZÖLD CHILI INTENZIV FRISS IZZEL. AZ ANCHO CHILES ENYHEN GYÜMÖLCSÖS IZU, ENYHEN SZILVA VAGY MAZSOLA, ES CSAK EGY CSIPET KESERUSEG. AZ UJ-MEXIKOI CHILI MERSEKELTEN FORRO LEHET. DELNYUGAT EGYES RESZEIN A MELYVÖRÖS CHILI CSOPORTOSULVA LATHATO RISTRAKBAN, SZARITOTT CHILI SZINES ELRENDEZESEBEN.

CSIRKE

- 2 szárított új-mexikói chili
- 2 száraz ancho chili
- 1 csésze forrásban lévő víz
- 3 evőkanál olívaolaj
- 1 nagy édes hagyma, meghámozva és vastag szeletekre vágva
- 4 db roma paradicsom, kimagozva
- 1 evőkanál darált fokhagyma (6 gerezd)
- 2 teáskanál őrölt kömény
- 1 teáskanál szárított oregánó, összetörve
- 16 csirkecomb

SALATA

- 2 csésze kockára vágott sárgadinnye
- 2 csésze mézharmat kocka
- 2 csésze kockára vágott mangó
- ¼ csésze friss limelé
- 1 teáskanál chili por
- ½ teáskanál őrölt kömény
- ¼ csésze apróra vágott friss koriander

1. A csirke esetében távolítsa el a szárított ancho és az újmexikói chili szárát és magját. Melegíts fel egy nagy serpenyőt közepes lángon. Süssük a chilit a serpenyőben 1-2 percig, vagy amíg illatosak és enyhén megpirulnak. Helyezze a sült chilit egy kis tálba; öntsünk forrásban lévő vizet a tálba. Hagyja állni legalább 10 percig, vagy amíg készen nem áll a használatra.

2. Melegítse elő a grillt. A tepsit kibéleljük alufóliával; 1 evőkanál olívaolajat kenjünk be alufóliára. A serpenyőben elrendezzük a hagymát és a paradicsomszeleteket. Grill körülbelül 4 hüvelyk a tűztől 6-8 percig, vagy amíg megpuhul és elszenesedett. A chilit lecsepegtetjük, a vizet félretesszük.

3. A páchoz turmixgépben vagy robotgépben keverje össze a chilit, a hagymát, a paradicsomot, a fokhagymát, a köményt és az oregánót. Fedjük le, és turmixoljuk vagy dolgozzuk simára, szükség szerint adjunk hozzá tartalék vizet a pürésítéshez és a kívánt állag eléréséhez.

4. Helyezze a csirkét egy nagy, visszazárható műanyag zacskóba egy sekély tányérra. Öntse a pácot a zsákban lévő csirkére, és a zacskót megforgatja, hogy egyenletesen bevonja. Hagyjuk pácolódni a hűtőszekrényben 2-4 órán keresztül, időnként megforgatva a zacskót.

5. A salátához egy extra nagy tálban keverje össze a sárgadinnyét, a mézharmatot, a mangót, a lime levét, a maradék 2 evőkanál olívaolajat, a chiliport, a köményt és a koriandert. Dobd fedezéknek. Fedjük le és hűtsük le 1-4 órán át.

6. Faszén grillezéshez tegyen szenet közepes lángon egy csepegtető serpenyő köré. Próbáljon közepes lángon a serpenyőben. A csirkét lecsepegtetjük, a pácot lecsepegtetjük. Helyezze a csirkét a csepegtetőtálcán lévő rácsra. Kenje meg a csirkét bőségesen a fenntartott pác egy részével (a felesleges pácot dobja ki). Fedjük le és grillezzük 50 percig, vagy amíg a csirke már nem rózsaszínű (175°F), a grillezés felénél egyszer fordítsuk meg. (Gázgrillel előmelegítjük. Csökkentse a hőt közepesre. Indirekt főzéshez állítsa be. Az utasítás szerint járjon el, tegye a csirkét gyújtatlan égőre.) A csirkecombokat salátával tálaljuk.

TANDOORI STILUSU CSIRKECOMB UBORKA RAITAVAL

HAZI FELADAT: 20 perc Pác: 2-24 óra Pörkölt: 25 perc Hozam: 4 adag

A RAITA KESUDIOBOL KESZÜL. TEJSZIN, CITROMLE, MENTA, KORIANDER ES UBORKA. FRISSITO ELLENPONTOT AD A CSIPOS ES FUSZERES CSIRKEHUSNAK.

CSIRKE

1 vöröshagyma, vékony szeletekre vágva

1 db 2 hüvelykes friss gyömbér, meghámozva és kimagozva

4 gerezd fokhagyma

3 evőkanál olívaolaj

2 evőkanál friss citromlé

1 teáskanál őrölt kömény

1 teáskanál őrölt kurkuma

½ teáskanál őrölt szegfűbors

½ teáskanál őrölt barna

½ teáskanál fekete bors

¼ teáskanál cayenne bors

8 csirkecomb

UBORKA RAITA

1 csésze kesudiókrém (lásd recept)

1 evőkanál friss citromlé

1 evőkanál apróra vágott friss menta

1 evőkanál friss koriander csíkokra vágva

½ teáskanál őrölt kömény

⅛ teáskanál fekete bors

1 közepes uborka, meghámozva, kimagozva és felkockázva (csésze)

Citrom szelet

1. Turmixgépben vagy konyhai robotgépben keverje össze a hagymát, gyömbért, fokhagymát, olívaolajat, citromlevet, köményt, kurkumát, szegfűborsot, fahéjat, fekete borsot és cayenne-t. Fedjük le és turmixoljuk vagy dolgozzuk simára.

2. Egy vágókés hegyével négy-ötször szúrja meg az egyes alsócombokat. Helyezze a combokat egy nagy, visszazárható műanyag zacskóba, amelyet egy nagy tálba helyeztek. Adjuk hozzá a hagymás keveréket; forgassa el, hogy ütni Hagyja pácolódni a hűtőszekrényben 2-24 órán át, időnként megforgatva a zacskót.

3. Melegítse elő a grillt. Vegye ki a csirkét a pácból. Papírszalvéták segítségével törölje le a felesleges pácot a combról. Helyezzük a combokat egy fűtetlen sütőrácsra vagy fóliával bélelt peremes tepsire. Grillezzön 6-8 hüvelyk távolságra a hőforrástól 15 percig. Cserélje ki a dobokat; grillezzen körülbelül 10 percig, vagy amíg a csirke már nem rózsaszínű (175°F).

4. A raitához egy közepes tálban keverje össze a kesudiókrémet, a citromlevet, a mentát, a koriandert, a köményt és a fekete borsot. Lassan hozzáadjuk az uborkát.

5. Tálaljuk a csirkét raitával és citromkarikákkal.

PÁROLT CSIRKE CURRY GYÖKÉRZÖLDSÉGEKKEL, SPÁRGÁVAL ÉS MENTAZÖLD ALMÁVAL

HÁZI FELADAT:30 perc főzés: 35 perc pihenés: 5 perc hozam: 4 adag

2 evőkanál finomított kókuszolaj vagy olívaolaj
2 kiló csontos csirkemell, kívánság szerint bőr nélkül
1 csésze apróra vágott hagyma
2 evőkanál reszelt friss gyömbér
2 evőkanál darált fokhagyma
2 evőkanál sótlan curry por
2 evőkanál jalapeño apróra vágva és kimagozva (lásddönthető)
4 csésze csirke csontleves (lásdrecept) vagy sózatlan csirkehúsleves
2 közepes édesburgonya (kb. 1 font), meghámozva és felkockázva
2 közepes fehérrépa (körülbelül 6 uncia), meghámozva és apróra vágva
1 csésze paradicsom kimagozva és felkockázva
8 uncia spárga, vágva és 1 hüvelykes darabokra vágva
1 13,5 uncia sima kókusztej (például Nature's Way)
½ csésze friss koriander csíkokra vágva
Alma és menta öntet (lásdrecept, lent)
Citrom szelet

1. Egy 6 literes holland sütőben melegítse fel az olajat közepesen magas lángon. A csirkemellet adagonként süsse meg forró olajban, amíg egyenletesen meg nem pirul, körülbelül 10 perc alatt. Tegye át a csirkét egy tányérra; félretesz, mellőz.

2. Kapcsolja közepesre a hőt. Adja hozzá a hagymát, a gyömbért, a fokhagymát, a curryport és a jalapenót az edénybe. Főzzük és keverjük 5 percig, vagy amíg a hagyma megpuhul. Hozzáadjuk a csirkehúslevest, az édesburgonyát, a fehérrépát és a paradicsomot. Tegye

vissza a csirkedarabokat az edénybe, ügyelve arra, hogy a csirkét minél több folyadékba merítse. Csökkentse a hőt közepes-alacsonyra. Fedjük le és pároljuk 30 percig, vagy amíg a csirke már nem rózsaszínű, és a zöldségek megpuhulnak. Adjuk hozzá a spárgát, a kókusztejet és a koriandert. Vegyük le a tűzről. Hagyja állni 5 percig. Vágja le a csirkét a csontról, ha szükséges, hogy egyenletesen ossza el a tálalótálak között. Almás menta szósszal és lime szeletekkel tálaljuk.

Mentás almaöntet: Egy konyhai robotgépben daráljon ½ csésze cukrozatlan kókuszreszeléket porrá. Adjunk hozzá egy csésze friss korianderlevelet és pároljuk meg; 1 csésze friss mentalevél; 1 Granny Smith alma, kimagozva és szeletelve; 2 teáskanál jalapeño apróra vágva és kimagozva (lásd dönthető); és 1 evőkanál friss citromlé. Püstölje, amíg finomra nem vágja.

GRILLEZETT CSIRKE PAILLARD SALÁTA MÁLNÁVAL, CÉKLÁVAL ÉS PIRÍTOTT MANDULÁVAL

HÁZI FELADAT:30 perc sütés: 45 perc pác: 15 perc grill: 8 perc hozam: 4 adag

½ csésze egész mandula

1½ teáskanál olívaolaj

1 közepes vörös cékla

1 közepes aranyrépa

2 db 6-8 oz bőr nélküli csont nélküli csirkemell fele

2 csésze friss vagy fagyasztott málna, felengedve

3 evőkanál vörös- vagy fehérborecet

2 evőkanál apróra vágott friss tárkony

1 evőkanál darált medvehagyma

1 teáskanál dijoni mustár (lásd recept)

¼ csésze olívaolaj

Fekete bors

8 csésze vegyes saláta

1. A mandula esetében előmelegítjük a sütőt 400 °F-ra. Terítsük el a mandulát egy kis tepsiben, és dobjuk meg ½ teáskanál olívaolajjal. Süssük körülbelül 5 percig, vagy amíg illatos és aranybarna nem lesz. Hagyd hülni. (A mandulát két nappal az idő előtt megpiríthatjuk, és légmentesen záródó edényben tárolhatjuk.)

2. A répákhoz helyezzen minden répát egy kis darab alufóliára, és csepegtesse meg mindegyiket ½ teáskanál olívaolajjal. Lazán tekerjük alufóliával a cékla köré, és tegyük tepsire vagy tepsire. Süssük a céklát a sütőben 400 °F-on 40-50 percig, vagy amíg egy késsel megszúrjuk, amíg megpuhulnak. Vegye ki a sütőből, és hagyja állni, amíg

kellően kihűl ahhoz, hogy kezelni tudja. Konyhakéssel távolítsuk el a bőrt. A répát szeletekre vágjuk, és félretesszük. (Kerüljük a cékla keverését, nehogy a cékla foltos legyen az aranyrépán. A céklát előző nap megpiríthatjuk és lehűthetjük. Tálalás előtt szobahőmérsékletre tesszük.)

3. A csirkéhez minden csirkemellet vízszintesen kettévágunk. Helyezzen minden csirkedarabot két darab műanyag fólia közé. Egy húskalapács segítségével óvatosan verje fel körülbelül 1/2 hüvelyk vastagságig. Helyezze a csirkét egy sekély edénybe, és tegye félre.

4. A vinaigrette-hez egy nagy tálban enyhén törjünk össze ¾ csésze málnát habverővel (a maradék málnát a salátához tartsuk fenn). Adjuk hozzá az ecetet, a tárkonyt, a medvehagymát és a dijoni mustárt; verjük keverni. Vékony sugárban adjunk hozzá ¼ csésze olívaolajat, és alaposan keverjük össze. Öntsünk ½ csésze vinaigrettet a csirkére; fordítsa meg a csirkét, hogy bevonja (a maradék vinaigrettet tartsa a salátának). Hagyja a csirkét szobahőmérsékleten pácolódni 15 percig. Vegye ki a csirkét a pácból, és szórja meg borssal; dobja ki a maradék pácot az edényben.

5. Faszén- vagy gázsütőnél helyezze a csirkét közvetlenül a grillre közepes lángon. Fedjük le, és grillezzük 8-10 percig, vagy amíg a csirke már nem rózsaszínű, a grill felénél egyszer fordítsuk meg. (A csirkét grillserpenyőben is megsüthetjük.)

6. Egy nagy tálban keverje össze a salátát, a céklát és a maradék 1¼ csésze málnát. Öntsük a fenntartott

vinaigrette-et salátára; óvatosan feldobjuk, hogy bevonja. Osszuk el a salátát négy tálaló tányérra; mindegyik tetejére tegyünk egy darab grillezett csirkemellet. A pirított mandulát durvára vágjuk, és rászórjuk. Azonnal tálaljuk.

BROKKOLIVAL TÖLTÖTT CSIRKEMELL FRISS PARADICSOMSZÓSSZAL, CÉZÁR SALÁTÁVAL

HÁZI FELADAT:40 perc főzés: 25 perc hozam: 6 adag

3 evőkanál olívaolaj
2 teáskanál darált fokhagyma
¼ teáskanál törött pirospaprika
1 font brokkoli raab, vágva és apróra vágva
½ csésze kénmentes arany mazsola
½ csésze vizet
4 5-6 uncia bőr nélküli csont nélküli csirkemell fél
1 csésze apróra vágott hagyma
3 csésze apróra vágott paradicsom
¼ csésze apróra vágott friss bazsalikom
2 teáskanál vörösborecet
3 evőkanál friss citromlé
2 evőkanál Paleo Mayo (vö<u>recept</u>)
2 teáskanál dijoni mustár (lásd<u>recept</u>)
1 teáskanál darált fokhagyma
½ teáskanál fekete bors
¼ csésze olívaolaj
10 csésze reszelt római saláta

1. Egy nagy serpenyőben melegíts fel 1 evőkanál olívaolajat közepesen magas lángon. Adjuk hozzá a fokhagymát és a zúzott pirospaprikát; főzzük és keverjük 30 másodpercig, vagy amíg illatos lesz. Adjuk hozzá az apróra vágott brokkolit, a mazsolát és ½ csésze vizet. Fedjük le és főzzük körülbelül 8 percig, vagy amíg a brokkoli raab puha és puha nem lesz. Vegye le a fedőt a serpenyőről; hagyjuk elpárologni a felesleges vizet. Félretesz, mellőz.

2. A pakolásokhoz minden csirkemellet hosszában kettévágunk; helyezze az egyes darabokat két műanyagdarab közé. Egy húskalapács lapos oldalával enyhén verje meg a csirkét, amíg körülbelül ¼ hüvelyk vastag nem lesz. Minden tekercsnél tegyen körülbelül ¼ csésze brokkoli raab keveréket az egyik rövidebb végére; feltekerjük, az oldalát lehajtva, hogy teljesen beburkolja a tölteléket. (A tekercseket akár egy nappal előre elkészíthetjük, és főzésig hűtőben tárolhatjuk.)

3. Egy nagy serpenyőben melegíts fel 1 evőkanál olívaolajat közepesen magas lángon. Adjunk hozzá tekercseket, varrással lefelé. Körülbelül 8 percig sütjük, vagy amíg minden oldala meg nem pirul, kétszer-háromszor megfordítva főzés közben. Tegye át a tekercseket egy tálra.

4. A szószhoz egy serpenyőben, közepes lángon hevíts fel 1 evőkanálnyi olívaolajat. Adjuk hozzá a hagymát; főzzük körülbelül 5 percig, vagy amíg áttetsző nem lesz. Adjuk hozzá a paradicsomot és a bazsalikomot. Helyezze a tekercseket a szósz tetejére a serpenyőben. Forraljuk fel közepesen magas lángon; csökkentse a hőt. Fedjük le, és pároljuk körülbelül 5 percig, vagy amíg a paradicsom elkezd letörni, de megtartja alakját, és a tekercsek átforrósodnak.

5. Az öntethez egy kis tálban keverjük össze a citromlevet, a paleo majonézt, a dijoni mustárt, a fokhagymát és a fekete borsot. Meglocsoljuk ¼ csésze olívaolajjal, addig keverjük, amíg emulgeálódik. Egy nagy tálban keverjük össze az öntetet a felaprított római salátával. Tálaláskor osszuk el a

római salátát hat tányérra. Vágja fel a tekercseket, és helyezze rá a római salátára; meglocsoljuk paradicsomszósszal.

GRILLEZETT CSIRKE SHAWARMA PAKOLÁSOK GYÓGYNÖVÉNYEKKEL ÉS FENYŐMAGÖNTETTEL

HÁZI FELADAT:20 perc pácolás: 30 perc grill: 10 perc készítés: 8 tekercs (4 adag)

1½ font csont nélküli, bőr nélküli csirkemell, 2 hüvelykes darabokra vágva
5 evőkanál olívaolaj
2 evőkanál friss citromlé
1¾ teáskanál őrölt kömény
1 teáskanál darált fokhagyma
1 teáskanál paprika
½ teáskanál curry por
½ teáskanál őrölt barna
¼ teáskanál cayenne bors
1 közepes cukkini félbevágva
1 kis padlizsán ½ hüvelykes szeletekre vágva
1 nagy sárga kaliforniai paprika, félbevágva és kimagozva
1 közepes vöröshagyma negyedelve
8 koktélparadicsom
8 nagy levél vajas saláta
Pirított fenyőmagöntet (lásd<u>recept</u>)
Citrom szelet

1. A páchoz egy kis tálban keverj össze 3 evőkanál olívaolajat, citromlevet, teáskanál köményt, fokhagymát, ½ teáskanál paprikát, curryport, ¼ teáskanál fahéjat és cayenne borsot. Helyezze a csirkedarabokat egy nagy, visszazárható műanyag zacskóba egy sekély edénybe. A pácot ráöntjük a csirkére. Zárja le a zsákot; táskát kabáttá alakítani. Hagyjuk 30 percig a hűtőben pácolódni, időnként megforgatva a zacskót.

2. Vegye ki a csirkét a pácból; dobja ki a pácot. Fűzzük fel a csirkét négy hosszú nyársra.

3. Helyezze a cukkinit, a padlizsánt, a kaliforniai paprikát és a hagymát egy sütőlapra. Meglocsoljuk 2 evőkanál olívaolajjal. Szórjon rá a maradék ¾ teáskanál köményt, a maradék ½ teáskanál paprikát és a maradék ¼ teáskanál fahéjat; Finoman dörzsölje a füvet. Fűzzük fel a paradicsomot két nyársra.

3. Faszén- vagy gázgrillhez a csirkenyársakat és a paradicsomot és a zöldségeket közepes lángon grillre tesszük. Fedjük le és süssük addig, amíg a csirke már nem rózsaszínű, a zöldségek pedig enyhén elszenesednek és ropogósak, majd egyszer megfordítjuk. Hagyjon 10-12 percet a csirkére, 8-10 percet a zöldségekre és 4 percet a paradicsomra.

4. Távolítsa el a csirkét a nyársról. A csirkét felaprítjuk, a cukkinit, a padlizsánt és az édes paprikát apró darabokra vágjuk. Vegyük le a paradicsomot a nyársról (ne vágjuk fel). Helyezze a csirkét és a zöldségeket egy tálra. Tálaláshoz kanalazzon egy kis csirkét és zöldséget salátalevélre; meglocsoljuk pirított fenyőmagöntettel. Citromkarikákkal tálaljuk.

SÜLT CSIRKEMELL GOMBÁVAL, FOKHAGYMÁS PÉPESÍTETT KARFIOLLAL ÉS SÜLT SPÁRGÁVAL

KEZDÉSTŐL A VÉGÉIG:50 perces elkészítési idő: 4 adag

4 db 10-12 uncia kicsontozott csirkemell fél, bőrét eltávolítva
3 csésze kis fehér gomba
1 csésze vékonyra szeletelt póréhagyma vagy sárgahagyma
2 csésze csirke csontleves (lásd<u>recept</u>) vagy sózatlan csirkehúsleves
1 pohár száraz fehérbor
1 nagy csokor friss kakukkfű
Fekete bors
fehérborecet (elhagyható)
1 fej karfiol rózsákra vágva
12 gerezd hámozott fokhagyma
2 evőkanál olívaolaj
Fehér vagy cayenne bors
1 kiló spárga, apróra vágva
2 teáskanál olívaolaj

1. Melegítse elő a sütőt 400 °F-ra. Helyezze a csirkemelleket egy 3 literes téglalap alakú tepsibe; tetejére gombával és póréhagymával. Öntsük a csirkehúslevest és a bort a csirkére és a zöldségekre. A tetejére szórjuk a kakukkfüvet, és megszórjuk fekete borssal. Fedjük le az edényt alufóliával.

2. Süssük 35-40 percig, vagy amíg a csirkébe helyezett azonnali leolvasású hőmérő 170°F-ot nem mutat. Távolítsa el és dobja ki a kakukkfű ágait. Ha szükséges, tálalás előtt keverje meg a párolófolyadékot egy csepp ecettel.

2. Közben egy nagy serpenyőben főzzük meg a karfiolt és a fokhagymát annyi forrásban lévő vízben, hogy ellepje körülbelül 10 percig, vagy amíg nagyon puha nem lesz. A karfiolt és a fokhagymát lecsepegtetjük, a főzőfolyadékból 2 evőkanálnyit lecsepegtetünk. Egy robotgépbe vagy egy nagy keverőtálba helyezze a karfiolt és a fenntartott főzőfolyadékot. Simára dolgozzuk* vagy burgonyanyomóval törjük össze; adjunk hozzá 2 evőkanál olívaolajat és ízlés szerint ízesítsük fehér borssal. Tálalásig tartsa melegen.

3. A spárgát egy tepsire helyezzük egy rétegben. Meglocsoljuk 2 teáskanál olívaolajjal, és bevonjuk. Megszórjuk fekete borssal. 400°F-os sütőben kb. 8 percig vagy ropogósra sütjük, egyszer megkeverve.

4. Osszuk el a karfiolpürét hat tányérra. A tetejére csirkét, gombát és póréhagymát teszünk. Meglocsoljuk a párolófolyadék egy részét; grillezett spárgával tálaljuk.

*Megjegyzés: Ha konyhai robotgépet használ, ügyeljen arra, hogy ne dolgozza túl, különben a karfiol túl vékony lesz.

THAI STÍLUSÚ CSIRKELEVES

HÁZI FELADAT:30 perc Fagyasztás: 20 perc Főzés: 50 perc Hozam: 4-6 adag

A TAMARIND KESERŰ ÉS PÉZSMÁS GYÜMÖLCS.INDIAI, THAI ÉS MEXIKÓI FŐZÉSHEZ HASZNÁLJÁK. SOK KERESKEDELMI FORGALOMBAN ELŐÁLLÍTOTT TAMARINDPASZTA CUKROT TARTALMAZ; MINDENKÉPPEN OLYAT VEGYÉL, AMIBEN NINCS. A KAFFIR LIME LEVELEK FRISSEN, FAGYASZTVA ÉS SZÁRÍTVA A LEGTÖBB ÁZSIAI PIACON MEGTALÁLHATÓK. HA NEM TALÁLJA ŐKET, EBBEN A RECEPTBEN HELYETTESÍTSEN 1½ TEÁSKANÁL FINOMRA RESZELT LIME HÉJJAL A LEVELEKET.

2 szál citromfű, nyírva

2 evőkanál finomítatlan kókuszolaj

½ csésze vékonyra szeletelt metélőhagyma

3 nagy gerezd fokhagyma, vékonyra szeletelve

8 csésze csirke csontleves (lásd recept) vagy sózatlan csirkehúsleves

¼ csésze tamarind paszta hozzáadott cukor nélkül (például Tamicon márka)

2 evőkanál nori pehely

3 friss thai chili, vékonyra szeletelve, sértetlen magokkal (lásd dönthető)

3 kaffir lime levél

1 db 3 hüvelykes gyömbér vékonyra szeletelve

4 db 6 uncia csont nélküli, bőr nélküli csirkemell fél

1 14,5 uncia konzerv só nélkül, kockára vágott tűzön sült paradicsom, lecsepegtetetlen

6 uncia finom spárga, vágva és vékonyan átlósan 1/2 hüvelykes darabokra szeletelve

½ csésze csomagolt thai bazsalikomlevél (lásd jegyzet)

1. Egy kés hátával erős nyomással dörzsölje meg a citromfű szárát. A zúzódásos szárakat finomra vágjuk.

2. Holland sütőben közepes lángon felhevítjük a kókuszolajat. Adjuk hozzá a citromfüvet és a metélőhagymát; 8-10

percig főzzük, gyakran kevergetve. Adjuk hozzá a fokhagymát; főzzük és keverjük 2-3 percig, vagy amíg nagyon illatos lesz.

3. Adjuk hozzá a csirke csontlevest, a tamarindpasztát, a nori pelyhet, a chilit, a lime leveleket és a gyömbért. Hagyjuk felforrni; csökkentse a hőt. Fedjük le, és lassú tűzön főzzük 40 percig.

4. Eközben fagyassza le a csirkét 20-30 percre, vagy amíg meg nem szilárdul. A csirkemellet vékony szeletekre vágjuk.

5. Szűrje le a levest egy finom hálószűrőn keresztül egy nagy serpenyőbe, és egy nagy kanál hátával nyomja le, hogy kivonja az ízeket. Dobja el a szilárd anyagokat. Forraljuk fel a levest. Hozzáadjuk a csirkét, a lecsepegtetett paradicsomot, a spárgát és a bazsalikomot. Csökkentse a hőt; pároljuk fedő nélkül 2-3 percig, vagy amíg a csirke meg nem fő. Azonnal tálaljuk.

CITROMOS ÉS ZSÁLYÁS GRILLEZETT CSIRKE ESCAROLE-VAL

HÁZI FELADAT:15 perc sütés: 55 perc pihenőidő: 5 perc hozam: 4 adag

CITROMSZELETEK ÉS ZSÁLYALEVELEK.A CSIRKE BŐRE ALÁ HELYEZVE ÍZT AD A HÚSNAK SÜLÉS KÖZBEN, ÉS SZEMET GYÖNYÖRKÖDTETŐ MINTÁZATOT HOZ LÉTRE A ROPOGÓS, MATT BŐR ALATT, MIUTÁN KIVESZI A SÜTŐBŐL.

4 csontos csirkemell fél (bőrrel)
1 citrom nagyon vékonyra szeletelve
4 nagy zsályalevél
2 teáskanál olívaolaj
2 teáskanál mediterrán fűszer (lásd<u>recept</u>)
½ teáskanál fekete bors
2 evőkanál extra szűz olívaolaj
2 medvehagyma, apróra vágva
2 gerezd darált fokhagyma
4 göndör fej, hosszában félbevágva

1. Melegítse elő a sütőt 400° F. Egy vágókés segítségével nagyon óvatosan lazítsa meg a bőrt mindkét mellfélről, hagyja, hogy az egyik oldalon csatlakozzon. Mindegyik mell húsára teszünk 2 citromszeletet és 1 zsályalevelet. Finoman húzza vissza a bőrt a helyére, és óvatosan nyomja le a rögzítéshez.

2. Helyezze a csirkét egy sekély serpenyőbe. Kenje meg a csirkét 2 teáskanál olívaolajjal; megszórjuk mediterrán fűszerekkel és ¼ teáskanál borssal. Grill, fedetlen, körülbelül 55 percig, vagy amíg a bőr aranybarna és ropogós nem lesz, és a csirkébe helyezett azonnali

leolvasású hőmérő 170 °F-ot mutat. Tálalás előtt hagyja a csirkét 10 percig pihenni.

3. Közben egy nagy serpenyőben közepes lángon hevíts fel 2 evőkanál olívaolajat. Adjuk hozzá a medvehagymát; főzzük körülbelül 2 percig, vagy amíg áttetsző nem lesz. Az endíviát megszórjuk a maradék teáskanál borssal. Adjuk hozzá a fokhagymát a serpenyőhöz. Helyezzük az endíviát egy serpenyőbe, vágjuk le a felével. Főzzük körülbelül 5 percig, vagy amíg meg nem pirul. Óvatosan fordítsa meg a göndört; főzzük további 2-3 percig, vagy amíg megpuhul. Csirkével tálaljuk.

CSIRKE METÉLŐHAGYMÁVAL, VÍZITORMÁVAL ÉS RETEKKEL

HÁZI FELADAT:20 perc főzés: 8 perc sütés: 30 perc hozam: 4 adag

BÁR FURCSÁNAK TŰNHET RETKET FŐZNI,ITT ALIG SÜLNEK MEG, CSAK ANNYIRA, HOGY CSÍPŐS FALATUKAT MEGPUHÍTSÁK ÉS KICSIT MEGPUHULJANAK.

3 evőkanál olívaolaj
4 db 10-12 uncia csontos csirkemell fél (bőrrel)
1 evőkanál citromfű fűszer (lásd recept)
¾ csésze apróra vágott metélőhagyma
6 retek vékonyra szeletelve
¼ teáskanál fekete bors
½ csésze száraz fehér vermut vagy száraz fehérbor
⅓ csésze kesudiókrém (vörecept)
1 csokor vízitorma, szárát levágva és apróra vágva
1 evőkanál apróra vágott friss kapor

1. Melegítse elő a sütőt 350° F. Egy nagy serpenyőben melegítse fel az olívaolajat közepesen magas lángon. Szárítsa meg a csirkét papírtörlővel. Főzzük a csirkét a bőrével lefelé 4-5 percig, vagy amíg a bőr aranybarna és ropogós nem lesz. Fordítsa meg a csirkét; főzzük körülbelül 4 percig, vagy amíg megbarnul. Helyezze a csirkét a bőrével felfelé egy sekély tepsibe. A csirkét megszórjuk citromfűszeres fűszerrel. Süssük körülbelül 30 percig, vagy amíg a csirkébe helyezett azonnali leolvasható hőmérő 170 °F-ot nem mutat.

2. Közben 1 evőkanál zsír kivételével öntsön le minden zsírt a serpenyőből; A serpenyőt ismét felmelegítjük. Adjuk

hozzá a gyógynövényt és a retket; főzzük körülbelül 3 percig, vagy amíg a chili megfonnyad. Megszórjuk borssal. Adjuk hozzá a vermutot, keverjük össze, hogy a barna darabkákat felkaparjuk. Hagyjuk felforrni; addig főzzük, amíg csökken és kissé besűrűsödik. Adjuk hozzá a kesudiókrémet; hagyjuk felforrni. Vegye le a serpenyőt a tűzről; hozzáadjuk a vízitormát és a kaprot, óvatosan keverjük, amíg a vízitorma megfonnyad. Hozzáadjuk a sütőedényben összegyűlt csirkehúslevet.

3. Osszuk a metélőhagymás keveréket négy tálalótálra; tetejére csirkével.

TIKKA MASALA CSIRKE

HÁZI FELADAT: 30 perc Pácolás: 4-6 óra Főzés: 15 perc Grill: 8 perc Hozam: 4 adag

EZT EGY NAGYON NÉPSZERŰ INDIAI ÉTEL IHLETTE. AMI LEHET, HOGY EGYÁLTALÁN NEM INDIÁBAN, HANEM EGY BRIT INDIAI ÉTTEREMBEN JÖTT LÉTRE. A HAGYOMÁNYOS CSIRKE TIKKA MASALA SZERINT A CSIRKÉT JOGHURTBAN KELL PÁCOLNI, MAJD FŰSZERES, TEJSZÍNNEL MEGSZÓRT PARADICSOMSZÓSZBAN MEGFŐZNI. MIVEL NINCS TEJ, AMI LÁGYÍTJA A SZÓSZ ÍZÉT, EZ A VÁLTOZAT KIFEJEZETTEN TISZTA ÍZŰ. RIZS HELYETT ROPOGÓS CUKKINIS TÉSZTÁVAL TÁLALJUK.

1½ font csont nélküli, bőr nélküli csirkecomb vagy fél csirkemell

¾ csésze sima kókusztej (mint a Nature's Way)

6 gerezd fokhagyma, felaprítva

1 evőkanál reszelt friss gyömbér

1 teáskanál őrölt koriander

1 teáskanál paprika

1 teáskanál őrölt kömény

¼ teáskanál őrölt kardamom

4 evőkanál finomított kókuszolaj

1 csésze apróra vágott sárgarépa

1 zeller apróra vágva

½ csésze apróra vágott hagyma

2 jalapeño vagy serrano chili, kimagozva (ha szükséges) és apróra vágva (lásd dönthető)

1 14,5 uncia konzerv só nélkül, kockára vágott tűzön sült paradicsom, lecsepegtetetlen

1 8 uncia konzerv paradicsomszósz hozzáadott só nélkül

1 teáskanál garam masala hozzáadott só nélkül

3 közepes cukkini

½ teáskanál fekete bors

friss korianderlevél

1. Ha csirkecombot használunk, mindegyik combot három részre vágjuk. Ha csirkemell feleket használ, vágja mindegyik mellfelet 2 hüvelykes darabokra, a vastag részeket vízszintesen vágja ketté, hogy vékonyabb darabokat kapjon. Helyezze a csirkét egy nagy, visszazárható műanyag zacskóba; félretesz, mellőz. A páchoz egy kis tálban keverjünk össze ½ csésze kókusztejet, fokhagymát, gyömbért, koriandert, paprikát, köményt és kardamomot. Öntse a pácot a zsákban lévő csirkére. Zárja le a zacskót, és fordítsa meg, hogy bevonja a csirkét. Helyezze a zacskót egy közepes tálba; pácoljuk a hűtőben 4-6 órát, időnként megforgatva a zacskót.

2. Melegítse elő a grillt. Egy nagy serpenyőben közepes lángon hevíts fel 2 evőkanál kókuszolajat. Adjunk hozzá sárgarépát, zellert és hagymát; főzzük 6-8 percig, vagy amíg a zöldségek megpuhulnak, időnként megkeverve. Adjunk hozzá jalapeñot; főzzük és keverjük még egy percig. Adjuk hozzá a lecsepegtetett paradicsomot és a paradicsomszószt. Hagyjuk felforrni; csökkentse a hőt. Fedő nélkül pároljuk körülbelül 5 percig, vagy amíg a szósz kissé besűrűsödik.

3. A csirkét lecsepegtetjük, a pácot kiöntjük. A csirkedarabokat egy rétegben elrendezzük a fűtetlen grillrácson. Grillezzön 5-6 hüvelyk hőtől 8-10 percig, vagy amíg a csirke már nem rózsaszínű, a grillezés felénél egyszer fordítsa meg. Adja hozzá a főtt csirkedarabokat és a maradék ¼ csésze kókusztejet a serpenyőben lévő paradicsomos keverékhez. Főzzük 1-2 percig, vagy amíg át nem melegszik. Vegyük le a tűzről; hozzáadjuk a garam masala-t.

4. Vágja le a cukkini széleit. Julienne szaggatóval vágjuk a cukkinit hosszú, vékony csíkokra. Egy extra nagy serpenyőben melegítse fel a maradék 2 evőkanál kókuszolajat közepesen magas lángon. Adjunk hozzá cukkini csíkokat és fekete borsot. Főzzük és keverjük 2-3 percig, vagy amíg a cukkini ropogós nem lesz.

5. Tálaláshoz osszuk el a cukkinit négy tálaló tányérra. A tetejére tesszük a csirkehús keveréket. Díszítsük korianderlevéllel.

RAS EL HANOUT CSIRKECOMB

HÁZI FELADAT:20 perc főzés: 40 perc hozam: 4 adag

RAS EL HANOUT EGY ÜDÜLŐHELYÉS EGZOTIKUS MAROKKÓI FŰSZEREK KEVERÉKE. A KIFEJEZÉS ARABUL AZT JELENTI, HOGY "BOLTOS", AMI ARRA UTAL, HOGY EZ A FŰSZERELADÓ ÁLTAL KÍNÁLT LEGJOBB FŰSZEREK EGYEDÜLÁLLÓ KEVERÉKE. A RAS EL HANOUTHOZ NINCS MEGHATÁROZOTT RECEPT, DE GYAKRAN TARTALMAZ GYÖMBÉR, ÁNIZS, FAHÉJ, SZERECSENDIÓ, BORS, SZEGFŰSZEG, KARDAMOM, SZÁRÍTOTT VIRÁGOK (PÉLDÁUL LEVENDULA ÉS RÓZSA), FEKETE NIGELLA, BUZOGÁNY, GALANGAL ÉS KURKUMA KEVERÉKÉT..

- 1 evőkanál őrölt kömény
- 2 teáskanál őrölt gyömbér
- 1½ teáskanál fekete bors
- 1½ teáskanál őrölt barna cukor
- 1 teáskanál őrölt koriander
- 1 teáskanál cayenne bors
- 1 teáskanál őrölt szegfűbors
- ½ teáskanál őrölt szegfűszeg
- ¼ teáskanál őrölt szerecsendió
- 1 teáskanál sáfrány szál (opcionális)
- 4 evőkanál finomítatlan kókuszolaj
- 8 csontos csirkecomb
- 1 8 uncia csomag friss gomba, szeletelve
- 1 csésze apróra vágott hagyma
- 1 csésze apróra vágott piros, sárga vagy zöld kaliforniai paprika (1 nagy)
- 4 roma paradicsom kimagozva, kimagozva és felkockázva
- 4 gerezd fokhagyma, felaprítva
- 2 db 13,5 uncia doboz sima kókusztej (például Nature's Way)
- 3-4 evőkanál friss citromlé
- ¼ csésze finomra vágott friss koriander

1. Az el hanout fejhez egy közepes mozsárban vagy kis tálban keverjük össze a köményt, gyömbért, fekete borsot, fahéjat, koriandert, cayenne borsot, szegfűborsot, szegfűszeget, szerecsendiót és ha úgy tetszik, sáfrányt. Törjük össze mozsártörővel, vagy kanállal keverjük jól össze. Félretesz, mellőz.

2. Egy extra nagy serpenyőben közepes lángon hevíts fel 2 evőkanál kókuszolajat. A csirkecombokat megszórjuk 1 evőkanál ras el hanouttal. Adja hozzá a csirkét a serpenyőhöz; főzzük 5-6 percig, vagy amíg meg nem pirulnak, a főzés felénél egyszer fordítsuk meg. Vegye ki a csirkét a serpenyőből; tartsd melegen

3. Ugyanabban a serpenyőben melegítse fel közepes lángon a maradék 2 evőkanál kókuszolajat. Adjuk hozzá a gombát, a hagymát, a kaliforniai paprikát, a paradicsomot és a fokhagymát. Főzzük és keverjük körülbelül 5 percig, vagy amíg a zöldségek megpuhulnak. Adjunk hozzá kókusztejet, lime levét és 1 evőkanál ras el hanoutot. Tegye vissza a csirkét a serpenyőbe. Hagyjuk felforrni; csökkentse a hőt. Pároljuk lefedve körülbelül 30 percig, vagy amíg a csirke megpuhul (175°F).

4. Tálalja a csirkét, a zöldségeket és a szószt tálakba. Díszítsük korianderrel.

Megjegyzés: Tárolja a maradék Ras el Hanout-ot fedett edényben legfeljebb egy hónapig.

CSIRKECOMB KARAMBOLA PÁCBAN PÁROLT SPENÓTON

HÁZI FELADAT:40 perc Pác: 4-8 óra Főzés: 45 perc Előállítás: 4 adag

HA SZÜKSÉGES, SZÁRÍTSA MEG A CSIRKÉT.PAPÍRTÖRLŐVEL, MIUTÁN KIVETTE A PÁCBÓL, MIELŐTT A SERPENYŐBEN BARNULNA. A HÚSBAN MARADT FOLYADÉKOT A FORRÓ OLAJBA ÖNTJÜK.

- 8 csontos csirkecomb (1½-2 font), a bőrt eltávolítva
- ¾ csésze fehér vagy almaecet
- ¾ csésze friss narancslé
- ½ csésze vizet
- ¼ csésze apróra vágott hagyma
- ¼ csésze apróra vágott friss koriander
- 4 gerezd fokhagyma, felaprítva
- ½ teáskanál fekete bors
- 1 evőkanál olívaolaj
- 1 karambola (karambola), apróra vágva
- 1 csésze csirke csontleves (lásd recept) vagy sózatlan csirkehúsleves
- 2 9 uncia csomag friss spenótlevél
- friss korianderlevél (elhagyható)

1. Helyezze a csirkét egy rozsdamentes acél vagy zománcozott edénybe; félretesz, mellőz. Egy közepes tálban keverje össze az ecetet, narancslevet, vizet, hagymát, ¼ csésze apróra vágott koriandert, fokhagymát és borsot; ráöntjük a csirkére. Fedjük le és pácoljuk a hűtőszekrényben 4-8 órán keresztül.

2. Forraljuk fel a csirkemeveréket egy serpenyőben, közepesen magas lángon; csökkentse a hőt. Fedjük le, és

pároljuk 35-40 percig, vagy amíg a csirke már nem rózsaszínű (175°F).

3. Egy extra nagy serpenyőben melegítse fel az olajat közepesen magas lángon. Fogó segítségével távolítsa el a csirkét a holland sütőből, óvatosan keverve, hogy a főzési folyadék lecsepegjen; tartalékolja a főzőfolyadékot. A csirke minden oldalát megpirítjuk, gyakran megforgatjuk, hogy egyenletesen piruljon.

4. Közben a szószhoz öntsük a főzőfolyadékot; Vissza a holland sütőbe. Hagyjuk felforrni. Körülbelül 4 percig forraljuk, hogy csökkenjen és kissé besűrűsödjön; hozzáadjuk a karambolát; még egy percig forraljuk. Tegye vissza a szószos csirkét a holland sütőbe. Vegyük le a tűzről; fedjük le, hogy melegen tartsuk.

5. Tisztítsa meg a serpenyőt. Öntsük a csirke csontlevest egy serpenyőbe. Forraljuk fel közepesen magas lángon; hozzáadjuk a spenótot. Csökkentse a hőt; 1-2 percig pároljuk, vagy amíg a spenót megfonnyad, állandó keverés mellett. Egy lyukas kanál segítségével tegyük át a spenótot egy tálra. A tetejére csirkét és szószt. Kívánt esetben megszórjuk korianderlevéllel.

POBLANO KÁPOSZTA ÉS CSIRKE TACO CHIPOTLE MAJONÉZZEL

HÁZI FELADAT:25 perc sütés: 40 perc hozam: 4 adag

TÁLALJA EZEKET A RENDETLEN, DE ÍZLETES TACÓKATVILLÁVAL, HOGY ELKAPJA A TÖLTELÉKET, AMI LEESIK A KÁPOSZTALEVÉLRŐL, AMIKOR ESZIK.

1 evőkanál olívaolaj

2 chili poblano, kimagozva (ha szükséges) és apróra vágva (lásddönthető)

½ csésze apróra vágott hagyma

3 gerezd fokhagyma, felaprítva

1 evőkanál sótlan chili por

2 teáskanál őrölt kömény

½ teáskanál fekete bors

1 8 uncia konzerv paradicsomszósz hozzáadott só nélkül

¾ csésze csirke csontleves (lásdrecept) vagy sózatlan csirkehúsleves

1 teáskanál szárított mexikói oregánó, összetörve

1-1,5 font csont nélküli, bőr nélküli csirkecomb

10-12 közepes vagy nagy káposztalevél

Chipotle Paleo Mayo (vörecept)

1. Melegítse elő a sütőt 350° F. Egy nagy, tűzálló serpenyőben melegítse fel az olajat közepesen magas hőfokon. Adjuk hozzá a poblano borsot, a hagymát és a fokhagymát; főzzük és keverjük 2 percig. Adjunk hozzá chiliport, köményt és fekete borsot; főzzük és keverjük még egy percig (ha szükséges, csökkentsük a hőt, hogy a fűszerek ne égjenek meg).

2. Adja hozzá a paradicsomszószt, a csirkehúslevest és az oregánót a serpenyőbe. Hagyjuk felforrni. Óvatosan helyezze a csirkecombokat a paradicsomos keverékbe.

Fedjük le a serpenyőt fedéllel. Körülbelül 40 percig sütjük, vagy amíg a csirke megpuhul (175°F), félidőben megfordítva.

3. Vegye ki a csirkét a serpenyőből; hűtsd le egy kicsit. A csirkemellet két villa segítségével apró darabokra vágjuk. Adjuk hozzá a felaprított csirkét a paradicsomos keverékhez a serpenyőben.

4. Tálaláshoz helyezze a csirkemeveréket a káposztalevelek tetejére; tetejére Chipotle Paleo Mayo.

CSIRKEPÖRKÖLT BÉBI SÁRGARÉPÁVAL ÉS BOK CHOY-VAL

HÁZI FELADAT:15 perc főzési idő: 24 perc pihenőidő: 2 perc hozam: 4 adag

A BABA BOK CHOY NAGYON FINOMÉS EGY PILLANAT ALATT ÁTSÜLHET. ANNAK ÉRDEKÉBEN, HOGY ROPOGÓS ÉS FRISS ÍZŰ MARADJON, NE LEGYEN PÉPES VAGY ÁZOTT, GYŐZŐDJÖN MEG RÓLA, HOGY LEFEDVE (A TŰZRŐL LEVÉVE) A FORRÓ EDÉNYBEN PÁROLJUK LEGFELJEBB 2 PERCIG A PÖRKÖLT TÁLALÁSA ELŐTT.

2 evőkanál olívaolaj

1 póréhagyma apróra vágva (fehér és világoszöld részek)

4 csésze csirke csontleves (lásd recept) vagy sózatlan csirkehúsleves

1 pohár száraz fehérbor

1 evőkanál dijoni mustár (lásd recept)

½ teáskanál fekete bors

1 szál friss kakukkfű

1¼ font csont nélküli, bőr nélküli csirkecomb, 1 hüvelykes darabokra vágva

8 uncia bébi sárgarépa, a tetején, meghámozva, vágva és hosszában félbe vágva, vagy 2 közepes sárgarépa ferdén szeletelve

2 teáskanál finomra reszelt citromhéj (tartalék)

1 evőkanál friss citromlé

2 fej baba bok choy

½ teáskanál apróra vágott friss kakukkfű

1. Egy nagy serpenyőben közepes lángon hevíts fel 1 evőkanál olívaolajat. A póréhagymát forró olajban 3-4 percig, vagy puhára főzzük. Adjunk hozzá csirkehúslevest, bort, dijoni mustárt, ¼ teáskanál borsot és egy szál kakukkfüvet. Hagyjuk felforrni; csökkentse a hőt. Főzzük 10-12 percig, vagy amíg a folyadék körülbelül harmadára csökken. Dobja el a kakukkfű ágát.

2. Közben egy holland sütőben melegítsük fel a maradék evőkanál olívaolajat közepesen magas lángon. Megszórjuk a csirkét a maradék ¼ teáskanál borssal. Forró olajban süsd kb 3 percig, vagy amíg meg nem pirul, időnként megkeverve. Szükség esetén a zsírt lecsepegtetjük. Óvatosan adjuk hozzá a redukált húsleves keveréket az edényhez, kaparjuk fel a barna darabkákat; adjunk hozzá sárgarépát. Hagyjuk felforrni; csökkentse a hőt. Pároljuk fedő nélkül 8-10 percig, vagy amíg a sárgarépa megpuhul. Adjuk hozzá a citromlevet. A bok choy-t hosszában félbevágjuk. (Ha a bok choy fejek nagyok, vágjuk negyedekre.) Helyezzük a bok choy-t a serpenyőben lévő csirke tetejére. Fedjük le és vegyük le a tűzről; 2 percig pihentetjük.

3. A pörköltet lapos tálkákban tálaljuk. Megszórjuk citromhéjjal és kakukkfű csíkokkal.

KEVERHETŐ CSIRKE KESUDIÓVAL, NARANCCSAL ÉS ÉDES PAPRIKÁVAL SALÁTA CSOMAGOLÁSON

KEZDÉSTŐL A VÉGÉIG: 45 perc: 4-6 adag

KÉTFÉLE TÍPUST TALÁLSZ KÓKUSZOLAJ A POLCOKON, FINOMÍTOTT ÉS EXTRA SZŰZ, VAGY FINOMÍTATLAN. AHOGY A NEVE IS SUGALLJA, AZ EXTRA SZŰZ KÓKUSZOLAJ A FRISS, NYERS KÓKUSZDIÓ ELSŐ PRÉSELÉSÉBŐL SZÁRMAZIK. MINDIG EZ A LEGJOBB VÁLASZTÁS KÖZEPES VAGY KÖZEPESEN MAGAS HŐFOKON. A FINOMÍTOTT KÓKUSZOLAJNAK MAGASABB A FÜSTPONTJA, EZÉRT CSAK MAGAS HŐFOKON FŐZZÜK.

- 1 evőkanál finomított kókuszolaj
- 1½-2 font csont nélküli, bőr nélküli csirkecomb, vékony falatnyi csíkokra vágva
- 3 piros, narancssárga és/vagy sárga kaliforniai paprika szárral, kimagozva és vékonyan falatnyi csíkokra szeletelve
- 1 vöröshagyma hosszában félbevágva és vékonyra szeletelve
- 1 teáskanál finomra reszelt narancshéj (tartalék)
- ½ csésze friss narancslé
- 1 evőkanál apróra vágott friss gyömbér
- 3 gerezd fokhagyma, felaprítva
- 1 csésze sózatlan nyers kesudió, pirítva és durvára vágva (lásd dönthető)
- ½ csésze apróra vágott zöld metélőhagyma (4)
- 8-10 lap vaj vagy jégsaláta

1. Wokban vagy nagy serpenyőben hevítsük fel a kókuszolajat nagy lángon. Adjunk hozzá csirkét; főzzük és keverjük 2 percig. Adjunk hozzá borsot és hagymát; főzzük és keverjük 2-3 percig, vagy amíg a zöldségek el nem kezdenek puhulni. Vegye ki a csirkét és a zöldségeket a wokból; tartsd melegen

2. Törölje tisztára a wokot papírtörlővel. Adjuk hozzá a narancslevet a wokhoz. Körülbelül 3 percig főzzük, vagy amíg a lé fel nem forr, és kissé csökkentjük. Adjuk hozzá a gyömbért és a fokhagymát. Főzzük és keverjük egy percig. Tegye vissza a csirke-bors keveréket a wokba. Hozzáadjuk a narancshéjat, a kesudiót és a metélőhagymát. Salátalevélen sütjük.

VIETNAMI CSIRKE KÓKUSSZAL ÉS CITROMFŰVEL

KEZDÉSTŐL A VÉGÉIG: 30 perc elkészítés: 4 adag

EZ A GYORS KÓKUSZOS CURRYA NASSOLÁS MEGKEZDÉSÉTŐL SZÁMÍTVA 30 PERC ALATT AZ ASZTALRA KERÜLHET, ÍGY IDEÁLIS ÉTEL EGY MOZGALMAS HÉTRE.

- 1 evőkanál finomítatlan kókuszolaj
- 4 szál citromfű (csak halvány részek)
- 1 laskagomba 3,2 uncias kiszerelésben, szeletelve
- 1 nagy vöröshagyma vékonyra szeletelve, karikák félbevágva
- 1 friss jalapeno kimagozva és apróra vágva (lásd dönthető)
- 2 evőkanál apróra vágott friss gyömbér
- 3 gerezd fokhagyma, felaprítva
- 1½ font csont nélküli, bőr nélküli csirkecomb, vékonyra szeletelve és apróra vágva
- ½ csésze sima kókusztej (mint a Nature's Way)
- ½ csésze csirke csontleves (vö recept) vagy sózatlan csirkehúsleves
- 1 evőkanál sózatlan vörös curry por
- ½ teáskanál fekete bors
- ½ csésze apróra vágott friss bazsalikomlevél
- 2 evőkanál friss limelé
- Édesítetlen kókuszreszelék (opcionális)

1. Egy extra nagy serpenyőben közepes lángon hevítsük fel a kókuszolajat. Adjunk hozzá citromfüvet; főzzük és keverjük 1 percig. Adjunk hozzá gombát, hagymát, jalapenót, gyömbért és fokhagymát; főzzük és keverjük 2 percig, vagy amíg a hagyma megpuhul. Adjunk hozzá csirkét; főzzük körülbelül 3 percig, vagy amíg a csirke meg nem fő.

2. Egy kis tálban keverjük össze a kókusztejet, a csirkehúslevest, a curryport és a fekete borsot. Adjuk hozzá a csirke keverékhez serpenyőben; főzzük egy percig, vagy amíg a folyadék kissé besűrűsödik. Vegyük le a tűzről; adjunk hozzá friss bazsalikomot és lime levét. Ha szükséges, szórjuk meg az adagokat dióval.

GRILLEZETT CSIRKE ÉS ALMÁS ESCAROLE SALÁTA

HÁZI FELADAT:30 perc grillezés: 12 perc hozam: 4 adag

HA SZERETED AZ ÉDES ALMÁT MEGY MÉZES ROPOGÓSSAL. HA SZERETI AZ ALMÁS PITÉT, HASZNÁLJA A GRANNY SMITH-T, VAGY AZ EGYENSÚLY ÉRDEKÉBEN PRÓBÁLJA KI A KÉT FAJTA KOMBINÁCIÓJÁT.

3 közepes Honeycrisp vagy Granny Smith alma

4 teáskanál extra szűz olívaolaj

½ csésze finomra vágott medvehagyma

2 evőkanál apróra vágott friss petrezselyem

1 evőkanál szárnyasfűszer

3-4 göndör fej, negyedek

1 kiló darált csirkemell vagy pulykamell

⅓ csésze apróra vágott pirított mogyoró*

⅓ csésze klasszikus francia vinaigrette (vö<u>recept</u>)

1. Vágja félbe az almát, és távolítsa el a magházukat. Hámozzon meg és vágjon apróra 1 almát. Egy közepes serpenyőben közepes lángon hevíts fel 1 teáskanál olívaolajat. Adjuk hozzá a szeletelt almát és a medvehagymát; puhára főzzük. Hozzáadjuk a petrezselymet és a szárnyasfűszert. Hagyd hülni.

2. Közben megfordítjuk a maradék 2 almát és feldaraboljuk. Az almaszeletek vágott oldalát és az endíviát megkenjük a maradék olívaolajjal. Egy nagy tálban keverjük össze a csirkét és a kihűlt almás keveréket. Osszuk nyolc részre; minden részből 2 hüvelyk átmérőjű pogácsát formázzon.

3. Faszén- vagy gázgrillhez a csirkepogácsákat és az almaszeleteket közvetlenül közepes lángon grillre helyezzük. Fedjük le és grillezzük 10 percig, a grill felénél egyszer fordítsuk meg. Adja hozzá az endívia vágott oldalával lefelé. Fedjük le, és grillezzük 2-4 percig, vagy amíg az endívia enyhén megpirul, a bébi alma és a csirke pogácsák elkészülnek (165°F).

4. Az escarole-t nagy darabokra vágjuk. Osszuk el az escarole-t négy tálra. A tetejére csirke pogácsákat, almaszeleteket és mogyorót teszünk. Meglocsoljuk klasszikus francia vinaigrette-vel.

* Tipp: A mogyoró pirításához melegítse elő a sütőt 350 °F-ra. A diót egy rétegben terítse el egy sekély tepsibe. Süssük 8-10 percig, vagy amíg enyhén megpirul, egyszer keverjük meg, hogy egyenletesen barnuljon. A diót kissé lehűtjük. Helyezze a meleg kókuszt egy tiszta konyharuhára; Dörzsölje át egy törülközővel a laza bőr eltávolításához.

TOSZKÁN CSIRKE LEVES KELKÁPOSZTÁVAL

HÁZI FELADAT: Főzés 15 perc: 20 perc Hozam: 4-6 adag

EGY KANÁL PESTO– AZ ÖN ÁLTAL VÁLASZTOTT BAZSALIKOM VAGY RUKKOLA – NAGYSZERŰ ÍZT AD EHHEZ AZ ÍZLETES, SÓMENTES BAROMFIFŰSZERREL FŰSZEREZETT LEVESHEZ. ANNAK ÉRDEKÉBEN, HOGY A KÁPOSZTASZALAGOK ÉLÉNKZÖLDEK MARADJANAK, ÉS A LEHETŐ LEGTÖBB TÁPANYAGOT TARTALMAZZÁK, CSAK ADDIG FŐZZÜK, AMÍG MEGFONNYAD.

1 kiló darált csirke
2 evőkanál sózatlan baromfifűszer
1 teáskanál finomra reszelt citromhéj
1 evőkanál olívaolaj
1 csésze apróra vágott hagyma
½ csésze reszelt sárgarépa
1 csésze apróra vágott zeller
4 gerezd fokhagyma, felaprítva
4 csésze csirke csontleves (lásd recept) vagy sózatlan csirkehúsleves
1 14,5 uncia konzerv só nélküli tűzön sült paradicsom, lecsepegtetés nélkül
1 csokor Lacinato (toszkán) kelkáposzta, szárát eltávolítva, csíkokra vágva
2 evőkanál friss citromlé
1 teáskanál apróra vágott friss kakukkfű
Bazsalikomos pesto vagy rakéta (lásd receptek)

1. Egy közepes tálban keverje össze a darált csirkét, a szárnyasfűszert és a citromhéjat. Jól összekeverni.

2. Holland sütőben közepes lángon hevítsük fel az olívaolajat. Adjuk hozzá a csirke, hagyma, sárgarépa és zeller keveréket; főzzük 5-8 percig, vagy amíg a csirke már nem

rózsaszínű lesz, fakanállal keverjük meg, hogy a hús feltörjön, és a főzés utolsó percében adjuk hozzá a darált fokhagymát. Hozzáadjuk a csirkehúslevest és a paradicsomot. Hagyjuk felforrni; csökkentse a hőt. Fedjük le és főzzük alacsony lángon 15 percig. Adjuk hozzá a kelkáposztát, a citromlevet és a kakukkfüvet. Pároljuk fedő nélkül körülbelül 5 percig, vagy amíg a kelkáposzta megpuhul.

3. Tálaláskor kanalazzuk a levest tálakba, és tegyük a tetejére a bazsalikom vagy rukkola pestót.

CSIRKE LARB

HÁZI FELADAT:15 perc főzés: 8 perc hűtés: 20 perc hozam: 4 adag

A NÉPSZERŰ THAI ÉTEL EZEN VÁLTOZATAA SALÁTALEVÉLEN FELSZOLGÁLT, ERŐSEN FŰSZEREZETT CSIRKEHÚS ÉS ZÖLDSÉGFÉLÉK HIHETETLENÜL KÖNNYŰ ÉS ÍZLETES, HOZZÁADOTT CUKOR, SÓ ÉS HALSZÓSZ NÉLKÜL (AMELY NAGYON MAGAS NÁTRIUMTARTALOMMAL RENDELKEZIK), AMELYEK HAGYOMÁNYOSAN AZ ÖSSZETEVŐK LISTÁJÁN SZEREPELNEK. FOKHAGYMÁVAL, THAI CHILIVEL, CITROMFŰVEL, LIME HÉJJAL, LIME LEVÉVEL, MENTÁVAL ÉS KORIANDERREL EZEK NEM HIÁNYOZNAK.

1 evőkanál finomított kókuszolaj

2 font őrölt csirke (95%-ban sovány mell vagy darált)

8 uncia gomba, apróra vágva

1 csésze apróra vágott vöröshagyma

1-2 thai chili kimagozva és apróra vágva (lásddönthető)

2 evőkanál darált fokhagyma

2 evőkanál finomra vágott citromfű*

¼ teáskanál őrölt szegfűszeg

¼ teáskanál fekete bors

1 evőkanál finomra reszelt lime héj

½ csésze friss limelé

⅓ csésze szorosan csomagolt friss mentalevél, apróra vágva

⅓ csésze szorosan csomagolt friss koriander, apróra vágva

Jégsaláta 1 fej, levelekre vágva

1. Egy extra nagy serpenyőben melegítse fel a kókuszolajat közepesen magas lángon. Adjunk hozzá darált csirkét, gombát, hagymát, chilit, fokhagymát, citromfüvet, szegfűszeget és fekete borsot. Főzzük 8-10 percig, vagy amíg a csirke megpuhul, és fakanállal keverjük meg, hogy

a hús sütés közben szétessen. Szükség esetén lecsepegtetjük. Tegye át a csirkemeveréket egy extra nagy tálba. Hagyja hűlni körülbelül 20 percig, vagy amíg kissé melegebb lesz a szobahőmérsékletnél, időnként megkeverve.

2. Adja hozzá a lime héját, a lime levét, a mentát és a koriandert a csirkehús keverékhez. Salátalevelekre tálaljuk.

* Tipp: A citromfű elkészítéséhez éles késre lesz szüksége. Vágja le a fás szárat a szár alján és a kemény zöld leveleket a növény tetején. Távolítsa el a két kemény külső réteget. Legyen egy darab citromfű, ami körülbelül 6 hüvelyk hosszú és világossárga színű. A szárat vízszintesen kettévágjuk, majd mindegyik felét újra kettévágjuk. Vágja a szár minden negyedét nagyon vékony szeletekre.

CSIRKE HAMBURGEREK SZÉCHWANI KESUDIÓ SZÓSSZAL

HÁZI FELADAT:30 perc főzés: 5 perc grill: 14 perc: 4 adag

MELEGÍTÉSSEL KÉSZÜLT CHILI OLAJAZ OLÍVAOLAJ TÖRÖTT PIROSPAPRIKÁVAL MÁS MÓDON IS FELHASZNÁLHATÓ. HASZNÁLJA FRISS ZÖLDSÉGEK FŰSZEREZÉSÉRE, VAGY GRILLEZÉS ELŐTT KENJE MEG EGY KEVÉS CHILI OLAJJAL.

2 evőkanál olívaolaj
¼ teáskanál törött pirospaprika
2 csésze nyers kesudió, pörkölt (lásd<u>dönthető</u>)
¼ csésze olívaolaj
½ csésze reszelt cukkini
¼ csésze finomra vágott metélőhagyma
2 gerezd darált fokhagyma
2 teáskanál finomra reszelt citromhéj
2 teáskanál reszelt friss gyömbér
1 kiló darált csirkemell vagy pulykamell

SZÉCHWANI KESUDIÓ SZÓSZ

1 evőkanál olívaolaj
2 evőkanál finomra vágott metélőhagyma
1 evőkanál reszelt friss gyömbér
1 teáskanál kínai ötfűszer por
1 teáskanál friss citromlé
4 zöld salátalevél vagy vajlevél

1. A chili olajhoz keverje össze az olívaolajat és a törött pirospaprikát egy kis serpenyőben. Alacsony lángon 5 percig melegítjük. Vegyük le a tűzről; hagyjuk kihűlni.

2. A kesudióvajhoz tedd turmixgépbe a kesudiót és 1 evőkanál olívaolajat. Fedjük le és keverjük krémesre, szükség

szerint ne kaparjuk le az oldalát, és adjunk hozzá további olívaolajat, 1 evőkanálnyit, amíg a ¼ csészét el nem használjuk, és a vaj nagyon sima lesz; félretesz, mellőz.

3. Egy nagy tálban keverje össze a cukkinit, a mogyoróhagymát, a fokhagymát, a citromhéjat és a 2 teáskanál gyömbért. Adjunk hozzá darált csirkét; jól keverjük össze. A csirkemeverékből négy fél hüvelyk vastag pogácsát formázunk.

4. Faszén- vagy gázgrill esetén helyezze a hamburgert egy olajozott rácsra, közvetlenül közepes lángon. Fedjük le és grillezzük 14-16 percig, vagy amíg meg nem sütjük (165°F), a grillezés felénél egyszer megfordítva.

5. Közben a szószhoz egy kis serpenyőben közepes lángon felforrósítjuk az olívaolajat. Adjuk hozzá a metélőhagymát és 1 evőkanál gyömbért; közepes-alacsony lángon főzzük 2 percig, vagy amíg a metélőhagyma megpuhul. Adjunk hozzá ½ csésze kesudióvajat (a maradék kesudióvajat legfeljebb egy hétig tegyük hűtőbe), chiliolajat, citromlevet és ötfűszerport. Főzzük még 2 percig. Vegyük le a tűzről.

6. Az empanadákat salátalevelekre tálaljuk. Meglocsoljuk mártással.

TÖRÖK CSIRKE PAKOLÁS

HÁZI FELADAT: 25 perc pihenés: 15 perc főzés: 8 perc hozam: 4-6 adag

A „BAHARAT" ARABUL EGYSZERŰEN „FŰSZERT" JELENT. A KÖZEL-KELETI FŐZÉS UNIVERZÁLIS FŰSZERE, GYAKRAN HASZNÁLJÁK HALRA, BAROMFIHÚSRA ÉS HÚSRA KENHETŐ, VAGY OLÍVAOLAJJAL KEVERVE, ÉS ZÖLDSÉG PÁCKÉNT HASZNÁLJÁK. AZ ÉDES ÉS CSÍPŐS FŰSZEREK, MINT A FAHÉJ, KÖMÉNY, KORIANDER, SZEGFŰSZEG ÉS PAPRIKA KOMBINÁCIÓJA TESZI KÜLÖNÖSEN AROMÁSSÁ. A SZÁRÍTOTT MENTA HOZZÁADÁSA TÖRÖK HATÁS.

⅓ csésze szárított kéntelen sárgabarack, apróra vágva

⅓ csésze apróra vágott szárított füge

1 evőkanál finomítatlan kókuszolaj

1,5 font őrölt csirkemell

3 csésze apróra vágott póréhagyma (csak fehér és világoszöld részeken) (3)

⅔ közepes zöld és/vagy piros édes paprika, vékonyra szeletelve

2 evőkanál fűszerezés (lásd recept, lent)

2 gerezd darált fokhagyma

1 csésze kimagozott paradicsom, felkockázva (2 közepes)

1 csésze kimagozott uborka, szeletelve (½ közepes méretű)

½ csésze sózatlan pisztácia, meghámozva és apróra vágva, pirítva (vö dönthető)

¼ csésze apróra vágott friss menta

¼ csésze apróra vágott friss petrezselyem

8-12 nagy levél vaj vagy Bibb saláta

1. Helyezze a sárgabarackot és a fügét egy kis tálba. Adjunk hozzá ⅔ csésze forrásban lévő vizet; 15 percig pihentetjük. Lecsepegtetjük, fél csésze folyadékot tartalékolva.

2. Közben egy extra nagy serpenyőben közepes lángon felforrósítjuk a kókuszolajat. Adjunk hozzá darált csirkét; 3 percig főzzük, fakanállal kevergetve, hogy a hús sütés közben széttörjön. Adjunk hozzá póréhagymát, édes paprikát, fűszereket és fokhagymát; főzzük és keverjük körülbelül 3 percig, vagy amíg a csirke megpuhul és a paprika megpuhul. Adjuk hozzá a sárgabarackot, a fügét, a fenntartott folyadékot, a paradicsomot és az uborkát. Főzzük és keverjük körülbelül 2 percig, vagy amíg a paradicsom és az uborka szétesik. Adjuk hozzá a pisztáciát, a mentát és a petrezselymet.

3. A csirkét és a zöldségeket salátalevélen tálaljuk.

Fűszerezés: Egy kis tálban keverj össze 2 evőkanál édes paprikát; 1 evőkanál fekete bors; 2 teáskanál szárított menta, finomra törve; 2 teáskanál őrölt kömény; 2 teáskanál őrölt koriander; 2 teáskanál őrölt barna; 2 teáskanál őrölt szegfűszeg; 1 teáskanál őrölt szerecsendió; és 1 teáskanál őrölt kardamom. Szobahőmérsékleten jól lezárt edényben tárolandó. Körülbelül ½ csészét tesz ki.

SPANYOL CORNISH TYÚKOK

HÁZI FELADAT:10 perc sütés: 30 perc sütés: 6 perc Előállítás: 2-3 adag

EZ A RECEPT NEM IS LEHETNE EGYSZERŰBB."ÉS AZ EREDMÉNYEK TELJESEN ELKÉPESZTŐEK." A NAGY MENNYISÉGŰ FÜSTÖLT PAPRIKA, FOKHAGYMA ÉS CITROM NAGYSZERŰ ÍZT AD EZEKNEK AZ APRÓ MADARAKNAK.

2 ½ font Cornish tyúk, felolvasztva, ha fagyasztott
1 evőkanál olívaolaj
6 gerezd fokhagyma, felaprítva
2-3 evőkanál füstölt édes paprika
¼-½ teáskanál cayenne bors (opcionális)
2 citrom negyedelve
2 evőkanál apróra vágott friss petrezselyem (elhagyható)

1. Melegítse elő a sütőt 375°F-ra. Vadas csirkenegyedekhez konyhai ollóval vagy éles késsel vágja végig a keskeny gerinc mindkét oldalát. Nyissa ki a madarat a pillangóval, és vágja ketté a csirkét a mellből. Távolítsa el a hátsó negyedet úgy, hogy levágja a bőrt és a húst, elválasztva a combokat a melltől. Tartsa érintetlenül a szárnyakat és a mellet. Dörzsölje be olívaolajjal a cornwalli tyúkdarabokat. Megszórjuk a darált fokhagymával.

2. Tegye a csirkedarabokat bőrös felével felfelé egy extra nagy, tűzálló serpenyőbe. Megszórjuk füstölt paprikával és cayenne-nel. Facsarjuk ki a citromnegyedeket a csirkére; adjunk hozzá citromnegyedeket a serpenyőbe. A csirkedarabokat bőrös oldalukkal lefelé fordítjuk a serpenyőben. Fedjük le és süssük 30 percig. Vegye ki a serpenyőt a sütőből.

3. Melegítse elő a grillt. Fogó segítségével fordítsa meg a darabokat. Állítsa be a sütőrácsot. Grill 4-5 hüvelyk hőtől 6-8 percig, amíg a bőr megbarnul és a csirke megpuhul (175°F). Meglocsoljuk serpenyős levekkel. Kívánság szerint megszórjuk petrezselyemmel.

KACSAMELL GRANADÁVAL ÉS JICAMA SALÁTÁVAL

HÁZI FELADAT: 15 perc főzés: 15 perc hozam: 4 adag

VÁGJ GYÉMÁNTMINTÁT AA KACSAMELL ZSÍRJA LEHETŐVÉ TESZI A ZSÍR LECSEPEGÉSÉT A GARAM MASALA FŰSZEREZÉSŰ MELL FŐZÉSE KÖZBEN. A ZSÍRT JICAMÁVAL, GRÁNÁTALMA MAGGAL, NARANCSLÉVEL ÉS MARHAHÚSLEVESSEL KEVERJÜK ÖSSZE, ÉS FŰSZERES FŰSZERNÖVÉNYEKKEL KEVERJÜK ÖSSZE, HOGY KISSÉ MEGFONNYADJANAK.

4 csont nélküli pézsmakacsamell (összesen körülbelül 1,5-2 font)

1 evőkanál garam masala

1 evőkanál finomítatlan kókuszolaj

2 csésze hámozott és felkockázott jicama

½ csésze gránátalma mag

¼ csésze friss narancslé

¼ csésze marhacsontleves (vö<u>recept</u>) vagy marhahúsleves hozzáadott só nélkül

3 csésze vízitorma, szár nélkül

3 csésze szeletelt fríz és/vagy vékonyra szeletelt belga endívia

1. Éles késsel 1 hüvelykes távolságonként lapos, rombusz alakú vágásokat vágjon a kacsamell zsírjában. A mellfél mindkét oldalát megszórjuk a garam masala-val. Melegíts fel egy extra nagy serpenyőt közepes lángon. A kókuszolajat forró keverés közben felolvasztjuk. Tegye a mellfeleket bőrös felével lefelé a serpenyőbe. 8 percig főzzük bőrös felével lefelé, ügyelve arra, hogy ne barnuljon túl gyorsan (ha szükséges, csökkentse a hőt). Fordítsa meg a kacsamelleket; főzzük további 5-6 percig, vagy amíg a mellfélbe helyezett azonnali leolvasású hőmérő 145°F-ot nem jelez közepesen. Távolítsa el a

mellfeleket, a zsírt tartsa a serpenyőben; Fedjük le alufóliával, hogy melegen tartsuk.

2. Az öntethez adjunk jicama-t a zsírhoz egy serpenyőben; főzzük és keverjük 2 percig közepes lángon. Adjuk hozzá a gránátalmamagot, a narancslevet és a marhacsontlevest a serpenyőbe. Hagyjuk felforrni; azonnal vegyük le a tűzről.

3. A salátához egy nagy tálban keverjük össze a vízitormát és a frizét. A forró öntetet a zöldségekre öntjük; kabátba dobni.

4. Osszuk el a salátát négy tányérra. A kacsamellet vékony szeletekre vágjuk, és a salátákba tesszük.

PULYKASÜLT FOKHAGYMÁS GYÖKÉRPÜRÉVEL

HÁZI FELADAT:Sült óra: 2 óra 45 perc pihenés: 15 perc hozam: 12-14 adag

KERESSE A PULYKÁKAT, AMELYEK NÁLA VANNAKNEM ADTAK BE SÓOLDATOT. HA A CÍMKÉN „DÚSÍTOTT" VAGY „ÖNPERMETEZŐ" FELIRAT SZEREPEL, AZ VALÓSZÍNŰLEG TELE VAN NÁTRIUMMAL ÉS EGYÉB ADALÉKANYAGOKKAL.

1 pulyka, 12-14 font

2 evőkanál mediterrán fűszerezés (lásd<u>recept</u>)

¼ csésze olívaolaj

3 font közepes sárgarépa, meghámozva, felvágva és hosszában félbe vagy negyedekre vágva

1 recept fokhagymás gyökérpüréhez (lásd<u>recept</u>, lent)

1. Melegítse elő a sütőt 425 °F-ra. Távolítsa el a pulyka nyakát és belsőségét; igény szerint más célra fenntartani. Óvatosan lazítsa meg a bőrt a mell szélén. Ujjait húzza a bőr alá, hogy zsebet hozzon létre a mellkas felső részén és a combokon. Öntsön 1 evőkanál mediterrán fűszert a bőr alá; ujjaival egyenletesen oszlassa el a mellkason és a combokon. Húzza vissza a nyak bőrét; nyárssal rögzítjük. Illessze a combok végét a bőrpánt alá a farok mentén. Ha nincs bőrcsík, 100% pamut konyhai zsinórral kösd szorosan a farokhoz a alsócombokat. Fordítsa el a szárnyvégeket a hát alatt.

2. Tegye a pulykát a mellével felfelé egy rácsra egy túl sekély tepsibe. Kenjük meg a pulykát 2 evőkanál olajjal. A pulykát megszórjuk a többi mediterrán fűszerrel. Helyezzen be egy húshőmérőt egy belső combizom

közepébe; a hőmérő ne érjen a csonthoz. A pulykát lazán letakarjuk alufóliával.

3. Grillezzük 30 percig. Csökkentse a sütő hőmérsékletét 325 ° F-ra. Másfél órán keresztül süsse. Egy extra nagy tálban keverje össze a sárgarépát és a maradék 2 evőkanál olajat; kabátba dobni. A sárgarépát egy nagy peremes tepsibe terítjük. Vegyük le a pulykáról a fóliát, és vágjunk egy bőrcsíkot vagy zsinórt a combok közé. A sárgarépát és a pulykát 45 perctől még 1¼ óráig sütjük, vagy amíg a hőmérő 175°F-ot nem mutat.

4. Vegye ki a pulykát a sütőből. Héj; szeletelés előtt 15-20 percig pihentetjük. Tálaljuk a pulykát sárgarépával és fokhagymás gyökérpürével.

Fokhagymagyökér pép: Vágjunk le és pucoljunk meg 3-3½ font rutabagát és 1½-2 font zellergyökeret; 2 hüvelykes darabokra vágjuk. Egy 6 literes serpenyőben főzzük meg a rutabagát és a zellergyökeret annyi forrásban lévő vízben, hogy ellepje 25-30 percig, vagy amíg nagyon puha nem lesz. Közben egy kis serpenyőben keverj össze 3 evőkanál extra szűz olajat és 6-8 gerezd darált fokhagymát. Főzzük alacsony lángon 5-10 percig, vagy amíg a fokhagyma nagyon illatos lesz, de nem barna. Óvatosan adjunk hozzá ¾ csésze csirke csontlevest (lásd<u>recept</u>) vagy sózatlan csirkehúsleves. Hagyjuk felforrni; Vegyük le a tűzről. A zöldségeket leszűrjük, és visszatesszük az edénybe. A zöldségeket burgonyanyomóval pépesítjük, vagy alacsony lángon elektromos habverővel habosra keverjük. Adjunk hozzá ½ teáskanál fekete borsot. Fokozatosan pépesítsd vagy keverd bele a húsleves keveréket, amíg a zöldségek össze nem keverednek és majdnem sima nem lesznek. Ha szükséges, adjon hozzá további ¼ csésze csirke csontlevest a kívánt állag eléréséhez.

TÖLTÖTT PULYKAMELL PESTO SZÓSSZAL ÉS RAKÉTASALÁTÁVAL

HÁZI FELADAT:30 perc sütés: 1 óra 30 perc pihenés: 20 perc Kitermelés: 6 adag

EZ A FEHÉR HÚS SZERELMESEINEK VALÓ. OTT EGY ROPOGÓS KÉREGŰ PULYKAMELL SZÁRÍTOTT PARADICSOMMAL, BAZSALIKOMMAL ÉS MEDITERRÁN FŰSZERNÖVÉNYEKKEL TÖLTVE. A MARADÉKBÓL REMEK ÉTEL.

1 csésze aszalt paradicsom kén nélkül (nem olajba csomagolva)

1 4 kiló fél csont nélküli pulykamell bőrrel

3 teáskanál mediterrán fűszerek (lásd recept)

1 csésze lazán csomagolt friss bazsalikomlevél

1 evőkanál olívaolaj

8 uncia baba rukkola

3 nagy paradicsom félbe vágva és felkockázva

¼ csésze olívaolaj

2 evőkanál vörösbor ecet

Fekete bors

1½ csésze bazsalikom pesto (vö recept)

1. Melegítsük elő a sütőt 375 °F-ra. Egy kis tálban öntsünk annyi forrásban lévő vizet a szárított paradicsomra, hogy ellepje. Hagyja ülni 5 percig; leszűrjük és apróra vágjuk.

2. Helyezze a pulykamellet a bőrével lefelé egy nagy műanyag fólialapra. Helyezzen egy másik műanyag fóliát a pulyka fölé. Egy húskalapács lapos oldalával finoman ütögesse a szegyet, amíg egyenletes vastagságú, körülbelül ¾ hüvelyk vastagságú lesz. Dobja el a műanyag fóliát. Szórd meg 1½ teáskanál mediterrán fűszerkeveréket a húsra. A tetejét paradicsommal és bazsalikomlevéllel tesszük.

Óvatosan tekerd fel a pulykamellet úgy, hogy a bőre kívül marad. 100% pamut konyhai zsineg segítségével rögzítse a sültet négy-hat helyen. Megkenjük 1 evőkanál olívaolajjal. Szórjuk meg a sültet a maradék 1½ teáskanál mediterrán ételízesítővel.

3. Helyezze a sültet egy rácsra egy sekély serpenyőbe, bőrével felfelé. Fedő nélkül süssük másfél órán keresztül, vagy addig, amíg a központ közelében behelyezett azonnali leolvasású hőmérő 165°F-ot nem mutat, és a bőr aranybarna és ropogós lesz. Vegye ki a pulykát a sütőből. Lazán fedjük le alufóliával; szeletelés előtt 20 percig pihentetjük.

4. A rukkola salátához egy nagy tálban keverje össze a rukkolát, a paradicsomot, ¼ csésze olívaolajat, ecetet és ízlés szerint borsot. Távolítsa el a zsineget a grillrácsról. A pulykát vékony szeletekre vágjuk. Rakéta salátával és bazsalikomos pestoval tálaljuk.

FŰSZERES PULYKAMELL CSERESZNYE BBQ SZÓSSZAL

HÁZI FELADAT:15 perc sütés: 1 óra 15 perc pihenés: 45 perc Hozam: 6-8 adag

EZ EGY JÓ RECEPTSZOLGÁLJA KI A TÖMEGET EGY HÁZTÁJI GRILLSÜTŐN, HA NEM CSAK HAMBURGEREKET SZERETNE KÉSZÍTENI. TÁLALJUK ROPOGÓS SALÁTÁVAL, PÉLDÁUL ROPOGÓS BROKKOLISALÁTÁVAL (LÁSD<u>RECEPT</u>) VAGY EGY SALÁTÁT HÁMOZOTT KELBIMBÓBÓL (LÁSD<u>RECEPT</u>).

Csontozott egész pulykamell, 4-5 font

3 evőkanál füstölt fűszerkeverék (lásd<u>recept</u>)

2 evőkanál friss citromlé

3 evőkanál olívaolaj

1 csésze száraz fehérbor, például Sauvignon Blanc

1 csésze friss vagy fagyasztott kimagozott és apróra vágott Bing cseresznye

⅓ csésze vizet

1 csésze BBQ szósz (lásd<u>recept</u>)

1. Hagyja a pulykamellet 30 percig szobahőmérsékleten állni. Melegítsük elő a sütőt 325°F-ra. Helyezze a pulykamellet a bőrével felfelé egy sütőrácsra.

2. Egy kis tálban keverjük össze a füstölt fűszereket, a citromlevet és az olívaolajat, hogy pasztát készítsünk. Távolítsa el a bőrt a húsról; Óvatosan kenje szét a massza felét a húson a bőr alatt. A maradék pasztát egyenletesen oszlassuk el a bőrön. Öntsük a bort a serpenyő aljába.

3. Pörkölje 1¼–1½ órán át, vagy amíg a bőre aranybarna nem lesz, és a sült közepébe helyezett azonnali leolvasású hőmérő (a csontot nem érintve) 170°F-ot regisztrál, és a

sütési idő felénél elforgatja a serpenyőt. Hagyja pihenni 15-30 percig, mielőtt felvágja.

4. Közben a Cherry BBQ szószhoz egy közepes serpenyőben keverjük össze a meggyet és a vizet. Hagyjuk felforrni; csökkentse a hőt. Fedő nélkül pároljuk 5 percig. Keverje hozzá a BBQ szószt; 5 percig forraljuk. Melegen vagy szobahőmérsékleten tálaljuk a pulyka mellé.

BORBAN FŐTT PULYKAFILÉ

HÁZI FELADAT:30 perc főzés: 35 perc hozam: 4 adag

FŐZZÜK MEG A PULYKÁT A SERPENYŐBENBOR, KOCKÁRA VÁGOTT ROMA PARADICSOM, CSIRKEHÚSLEVES, FRISS FŰSZERNÖVÉNYEK ÉS ŐRÖLT PIROSPAPRIKA KOMBINÁCIÓJA REMEK ÍZT AD NEKI. TÁLALJA EZT A PÖRKÖLTSZERŰ ÉTELT SEKÉLY TÁLKÁKBAN, NAGY KANÁLLAL, HOGY MINDEN FALATNÁL FELSZÍVJA AZ ÍZLETES HÚSLEVEST.

2 8-12 uncia pulykafilé, 1 hüvelykes darabokra vágva

2 evőkanál sózatlan baromfifűszer

2 evőkanál olívaolaj

6 gerezd fokhagyma, darált (1 evőkanál)

1 csésze apróra vágott hagyma

½ csésze apróra vágott zeller

6 db roma paradicsom kimagozva és apróra vágva (kb. 3 csésze)

½ csésze száraz fehérbor, például Sauvignon Blanc

½ csésze csirke csontleves (vörecept) vagy sózatlan csirkehúsleves

½ teáskanál finomra vágott friss rozmaring

¼-½ teáskanál törött pirospaprika

½ csésze apróra vágott friss bazsalikomlevél

½ csésze friss petrezselyem csíkokra vágva

1. Egy nagy tálba dobjuk a pulykadarabokat baromfifűszerrel bevonásra. Egy extra nagy tapadásmentes serpenyőben melegíts fel 1 evőkanál olívaolajat közepes lángon. A pulykahúst adagonként, forró olajban sütjük, amíg minden oldala megpirul. (A pulykát nem kell jól megfőzni.) Tegyük egy tányérra, és tartsuk melegen.

2. Adja hozzá a maradék 1 evőkanál olívaolajat a serpenyőbe. Növelje a hőt közepesen magasra. Adjuk hozzá a

fokhagymát; főzzük és keverjük 1 percig. Adjunk hozzá hagymát és zellert; főzzük és keverjük 5 percig. Hozzáadjuk a pulykahúst és a húslevest, a paradicsomot, a bort, a csirkehúslevest, a rozmaringot és a törött pirospaprikát. Csökkentse a hőt közepes-alacsonyra. Lefedve 20 percig főzzük, időnként megkeverve. Adjuk hozzá a bazsalikomot és a petrezselymet. Fedjük le és főzzük további 5 percig, vagy amíg a pulyka már nem rózsaszínű.

RESZELT PULYKAMELL METÉLŐHAGYMA SZÓSSZAL ÉS GARNÉLARÁKKAL

HÁZI FELADAT:30 perc főzés: 15 perc hozam: 4 adagFÉNYKÉP

A PULYKAFILÉT FÉLBEVÁGJUKLEHETŐLEG VÍZSZINTESEN, ENYHÉN NYOMKODJUK LE MINDEGYIKET A TENYERÜNKKEL, ÁLLANDÓ NYOMÁSSAL, MIKÖZBEN FELSZELETELJÜK A HÚST.

¼ csésze olívaolaj

2 db 8-12 uncia pulykafilé, vízszintesen félbevágva

¼ teáskanál frissen őrölt fekete bors

3 evőkanál olívaolaj

4 gerezd fokhagyma, felaprítva

8 uncia közepes garnélarák, meghámozva és kivágva, a farkát eltávolítva és hosszában félbevágva

¼ csésze száraz fehérbor, csirke csontleves (vörecept), vagy csirkehúsleves só nélkül

2 evőkanál apróra vágott friss metélőhagyma

½ teáskanál finomra reszelt citromhéj

1 evőkanál friss citromlé

Sütőtök és paradicsom tészta (lásdrecept, lent) (nem kötelező)

1. Egy extra nagy serpenyőben hevíts fel 1 evőkanál olívaolajat közepesen magas lángon. Add pulykát a serpenyőbe; megszórjuk borssal. Csökkentse a hőt közepesre. Főzzük 12-15 percig, vagy amíg már nem rózsaszínű lesz, és a leve kifolyik (165°F), majd a főzés felénél megfordítjuk. Vegye ki a pulykafilét a serpenyőből. Fedjük le alufóliával, hogy melegen tartsuk.

2. A szószhoz ugyanabban a serpenyőben hevíts fel 3 evőkanál olajat közepes lángon. Adjuk hozzá a fokhagymát; 30

másodpercig főzzük. Adjunk hozzá garnélarákot; főzzük és keverjük 1 percig. Adjuk hozzá a bort, a metélőhagymát és a citromhéjat; főzzük és keverjük még egy percig, vagy amíg a garnélarák átlátszatlanná válik. Vegyük le a tűzről; adjunk hozzá citromlevet. Tálaláskor öntsük a szószt a pulykafilére. Ízlés szerint sütőtökkel és paradicsomos tésztával tálaljuk.

Squash- és paradicsomos tészta: Mandolin- vagy julienne-hámozóval vágjunk 2 sárga nyári tököt julienne-csíkokra. Egy nagy serpenyőben melegíts fel 1 evőkanál extra szűz olívaolajat közepesen magas lángon. Adjon hozzá elosztókat; főzzük 2 percig. Adjunk hozzá negyedekre vágott szőlő paradicsomot és ¼ teáskanál frissen őrölt fekete borsot; főzzük még 2 percig, vagy amíg a tök ropogós-puha nem lesz.

PÁROLT PULYKA GYÖKÉRZÖLDSÉGEKKEL

HÁZI FELADAT:30 perc főzés: 1 óra 45 perc Hozam: 4 adag

EZ AZ EGYIK ILYEN ÉTELKÖTELEZŐ EGY HŰVÖS ŐSZI ESTÉN, AMIKOR VAN IDŐD SÉTÁLNI A SÜTŐBEN PÁROLÓDVA. HA AZ EDZÉS NEM KELTI FEL AZ ÉTVÁGYAT, AKKOR AZ AJTÓN BELÉPŐ CSODÁLATOS ILLAT MINDEN BIZONNYAL MEGTESZI.

3 evőkanál olívaolaj

4 pulykacomb, 20-24 uncia

½ teáskanál frissen őrölt fekete bors

6 gerezd fokhagyma, meghámozva és összezúzva

1½ teáskanál édesköménymag, zúzva

1 teáskanál egész szegfűbors, horzsolt*

1½ csésze csirke csontleves (vörecept) vagy sózatlan csirkehúsleves

2 szál friss rozmaring

2 szál friss kakukkfű

1 babérlevél

2 nagy hagyma, meghámozva és 8 szeletre vágva

6 nagy sárgarépa, meghámozva és 1 hüvelykes szeletekre vágva

2 nagy fehérrépa, meghámozva és 1 hüvelykes kockákra vágva

2 közepes paszternák, meghámozva és 1 hüvelykes szeletekre vágva**

1 zellergyökér, meghámozva és 1 hüvelykes darabokra vágva

1. Melegítsd elő a sütőt 350° F. Egy nagy serpenyőben melegítsd fel az olívaolajat közepesen magas hőfokon, amíg csillogni nem kezd. Adjunk hozzá 2 pulykacombot. Körülbelül 8 percig sütjük, vagy amíg a lábak aranybarnák és minden oldalról ropogós nem lesznek, majd ismét egyenletesen barnára sütjük. Tegye át a pulykacombokat

egy tányérra; ismételje meg a maradék 2 pulykacombbal. Félretesz, mellőz.

2. Adja hozzá a cayenne-t, a fokhagymát, az édesköménymagot és a szegfűborsmagot a serpenyőbe. Főzzük és keverjük közepes lángon 1-2 percig, vagy amíg illatos lesz. Adjuk hozzá a csirkehúslevest, a rozmaringot, a kakukkfüvet és a babérlevelet. Forraljuk fel, kevergetve, hogy a serpenyő aljáról kikaparjon minden barna darabot. Vegye le a serpenyőt a tűzről, és tartsa le.

3. Extra nagy holland sütőben, szorosan záródó fedővel, keverjük össze a hagymát, a sárgarépát, a fehérrépát, a paszternákot és a zellergyökeret. Adjunk hozzá folyadékot a serpenyőből; kabátba dobni. Nyomjuk bele a pulykacombot a zöldségkeverékbe. Fedjük le fedéllel.

4. Süssük körülbelül egy óra 45 percig, vagy amíg a zöldségek megpuhulnak és a pulyka meg nem fő. Tálaljuk a pulykacombot és a zöldségeket nagy, sekély tálkákban. Tetejére csorgassunk serpenyőben lévő leveket.

* Tipp: A fűszerek és édesköménymag összetöréséhez tegyük a magokat egy vágódeszkára. Egy szakácskés lapos oldalával nyomja le, hogy enyhén összetörje a magokat.

**Tipp: Vágjon fel minden nagyobb darabot a paszternák tetejéről.

PULYKA ZÖLDSÉGEK KARAMELLIZÁLT HAGYMÁS KETCHUPPAL ÉS SÜLT KÁPOSZTA KETCHUPPAL

HÁZI FELADAT:15 perc főzés: 30 perc sütés: 1 óra 10 perc pihenőidő: 5 perc hozam: 4 adag

A KLASSZIKUS FASÍRT KETCHUPPAL HATÁROZOTTAN AZA PALEO MENÜBEN KETCHUP KÖZBEN (LÁSD<u>RECEPT</u>) HOZZÁADOTT SÓ- ÉS CUKORMENTES. ITT A PARADICSOMSZÓSZT ÖSSZEKEVERJÜK A KARAMELLIZÁLT HAGYMÁVAL, AMIT SÜTÉS ELŐTT A FASÍRT TETEJÉRE HALMOZUNK.

1½ font őrölt pulyka

2 tojás, enyhén felverve

½ csésze mandulaliszt

⅓ csésze apróra vágott friss petrezselyem

¼ csésze vékonyra szeletelt mogyoróhagyma (2)

1 evőkanál apróra vágott friss zsálya vagy 1 teáskanál szárított zsálya, összetörve

1 evőkanál apróra vágott friss kakukkfű vagy 1 teáskanál szárított kakukkfű, összetörve

¼ teáskanál fekete bors

2 evőkanál olívaolaj

2 édes hagyma félbevágva és vékonyra szeletelve

1 csésze paleo ketchup (lásd<u>recept</u>)

1 kis fejes káposzta, félbevágva, magházát kimagozva és 8 szeletre vágva

½-1 teáskanál törött pirospaprika

1. Melegítse elő a sütőt 350° F-ra. Béleljen ki egy nagy tepsit sütőpapírral; félretesz, mellőz. Egy nagy tálban keverjük össze a darált pulykát, a tojást, a mandulalisztet, a petrezselymet, a metélőhagymát, a zsályát, a kakukkfüvet

és a fekete borsot. Az előkészített sütőlapon formázzunk a pulykameverékből 8×4 hüvelykes cipót. 30 percig sütjük.

2. Közben a karamellizált hagymás ketchuphoz egy nagy serpenyőben közepes lángon hevíts fel 1 evőkanál olívaolajat. Adjuk hozzá a hagymát; főzzük körülbelül 5 percig, vagy amíg a hagyma elkezd barnulni, gyakran kevergetve. Csökkentse a hőt közepes-alacsonyra; Főzzük körülbelül 25 percig, vagy amíg aranybarna és nagyon puha nem lesz, időnként megkeverve. Vegyük le a tűzről; adjunk hozzá Paleo Ketchupot.

3. A karamellizált hagymás ketchupból kanalazzunk rá a pulykaszsemlére. A cipó köré rendezzük a káposztaszeleteket. Kenjük meg a káposztát a maradék kanál olívaolajjal; törött pirospaprikát szórunk rá. Körülbelül 40 percig sütjük, vagy amíg a cipó közepébe helyezett azonnali leolvasható hőmérő 165 °F-ot nem mutat, a tetejére öntsünk további karamellizált hagymás ketchupot, majd 20 perc múlva fordítsuk meg a káposztaszeleteket. Szeletelés előtt hagyja pihenni a pulykaszsemlét 5-10 percig.

4. A pulykaszsemlét a káposztaszeletekkel és a maradék karamellizált hagymás ketchuppal tálaljuk.

PULYKAPÓLÓ

HÁZI FELADAT:20 perc sütéshez: 8 perc főzéshez: 16 perc elkészítéshez: 4 adag

ENNEK A FORRÓ MEXIKÓI STÍLUSÚ LEVESNEK AZ ÖSSZETEVŐIEZEK TÖBB MINT KÖRET. A KORIANDER JELLEGZETES ÍZT, AZ AVOKÁDÓ KRÉMESSÉGET, A PIRÍTOTT PEPITAS PEDIG FINOM ROPOGÁST BIZTOSÍT.

8 friss tomatillo

1¼-1½ font őrölt pulyka

1 piros kaliforniai paprika kimagozva és vékony falatnyi csíkokra vágva

½ csésze apróra vágott hagyma (1 közepes)

6 gerezd fokhagyma, darált (1 evőkanál)

1 evőkanál mexikói fűszerezés (lásdrecept)

2 csésze csirke csontleves (lásdrecept) vagy sózatlan csirkehúsleves

1 14,5 uncia konzerv só nélküli tűzön sült paradicsom, lecsepegtetés nélkül

1 jalapeño vagy serrano chili kimagozva és darálva (lásddönthető)

1 közepes avokádó félbevágva, meghámozva, kimagozva és vékonyra szeletelve

¼ csésze sózatlan pepitas, pirított (vödönthető)

¼ csésze apróra vágott friss koriander

Citrom szelet

1. Melegítse elő a grillt. Távolítsa el a héját a tomatillókról, és dobja ki. A tomatillókat megmossuk és félbevágjuk. Helyezze a paradicsomfeleket a fűtetlen grillrácsra. Grill 4-5 hüvelyk hőtől 8-10 percig, vagy amíg enyhén megpirul, a grillezés felénél egyszer fordítsa meg. Egy serpenyőben, rácson hagyjuk kicsit kihűlni.

2. Közben egy nagy serpenyőben főzzük a pulykát, a kaliforniai paprikát és a hagymát közepesen magas lángon 5-10 percig, vagy amíg a pulyka aranybarna és a zöldségek megpuhulnak, fakanállal kevergetve a keveréket. főzés

Szükség esetén a zsírt lecsepegtetjük. Adjuk hozzá a fokhagymát és a mexikói fűszereket. Főzzük és keverjük még egy percig.

3. Egy turmixgépben keverje össze az elszenesedett tomatillók kétharmadát és 1 csésze csirke csontlevesét. Fedjük le és turmixoljuk simára. Adjuk hozzá a pulyka keverékhez a serpenyőben. Hozzáadjuk a maradék 1 csésze csirkehúslevest, a ki nem szárított paradicsomot és a chilit. A maradék tomatillót durvára vágjuk; hozzáadjuk a pulyka keverékhez. Hagyjuk felforrni; csökkentse a hőt. Fedjük le és hagyjuk 10 percig párolni.

4. Tálaláskor a levest lapos tálakba merítjük. A tetejére avokádó, pepitas és koriander kerül. Lime szeleteket passzírozunk a levesre.

CSIRKE CSONTLEVES

HÁZI FELADAT: 15 perc Pörkölés: 30 perc Főzés: 4 óra Hűtés: Egy éjszakán át Elkészítés: Kb. 10 csésze

A LEGJOBB FRISS ÉS MAGASABB ÍZÉRTTÁPANYAGTARTALOM: HASZNÁLJON HÁZI KÉSZÍTÉSŰ CSIRKELEVEST A RECEPTEKBEN. (SÓT, TARTÓSÍTÓSZERT VAGY ADALÉKANYAGOT SEM TARTALMAZ). A CSONTOK PÁROLÁS ELŐTTI MEGPIRÍTÁSA JAVÍTJA AZ ÍZT. AHOGY LASSAN FŐZNEK FOLYADÉKBAN, A CSONTOK ÁTITATJÁK A LEVEST ÁSVÁNYI ANYAGOKKAL, PÉLDÁUL KALCIUMMAL, FOSZFORRAL, MAGNÉZIUMMAL ÉS KÁLIUMMAL. AZ ALÁBBI LASSÚ TŰZHELY VARIÁCIÓ KÜLÖNÖSEN MEGKÖNNYÍTI AZ ELKÉSZÍTÉSÉT. FAGYASSZA LE 2 ÉS 4 CSÉSZÉS TARTÁLYOKBAN, ÉS CSAK AZT OLVASSA FEL, AMIRE SZÜKSÉGE VAN.

- 2 kiló csirkeszárny és bélszín
- 4 sárgarépa apróra vágva
- 2 nagy póréhagyma, csak fehér és világoszöld részek, vékonyra szeletelve
- 2 szár zeller levelekkel, durvára vágva
- 1 paszternák, durvára vágva
- 6 nagy szál olasz petrezselyem (lapos levél)
- 6 szál friss kakukkfű
- 4 gerezd fokhagyma, félbevágva
- 2 teáskanál egész fekete bors
- 2 egész szegfűszeg
- Hideg víz

1. Melegítsük elő a sütőt 425 °F-ra. Rendezzük el a csirkeszárnyakat és a szűzpecsenyét egy nagy tepsire; Grillezzön 30-35 percig, vagy amíg jól meg nem pirul.

2. Tegye át a tepsiben összegyűlt megpirult csirkedarabokat és pirított darabokat egy nagy fazékba. Adjunk hozzá sárgarépát, póréhagymát, zellert, paszternákot, petrezselymet, kakukkfüvet, fokhagymát, borsot és szegfűszeget. Öntsön annyi hideg vizet (kb. 12 csésze) egy nagy fazékba, hogy ellepje a csirkét és a zöldségeket. Forraljuk fel közepes lángon; úgy állítsa be a hőt, hogy a húsleves nagyon lassan forrjon, miközben a buborékok alig törik meg a felületet. Fedjük le és főzzük alacsony lángon 4 órán át.

3. Szűrje le a forró levest egy nagy szűrőn, amelyen két réteg nedves, 100%-os pamut sajtkendővel bélelt. Dobja el a szilárd anyagokat. Fedjük le a húslevest, és tegyük hűtőbe egy éjszakára. Használat előtt szedjük le a húsleves tetejéről a zsírréteget, és dobjuk ki.

Tipp: A húsleves hígításához (opcionális) egy kis tálban keverj össze 1 tojásfehérjét, 1 zúzott tojáshéjat és ¼ csésze hideg vizet. A keveréket egy edényben a leszűrt húsleveshez keverjük. Forraljuk újra. Vegyük le a tűzről; 5 percig pihentetjük. Szűrje le a forró húslevest egy friss, dupla 100%-os pamut sajtkendővel bélelt szűrőn. Használat előtt hűtsük le és vágjuk le a zsírt.

Lassú tűzhelyre vonatkozó utasítások: Készítse elő az utasításoknak megfelelően, kivéve a 2. lépést, és tegye az összetevőket egy 5-6 literes lassú tűzhelybe. Fedjük le, és lassú tűzön főzzük 12-14 órán át. Folytassa a 3. lépésben leírtak szerint. Kb. 10 csészét készít.

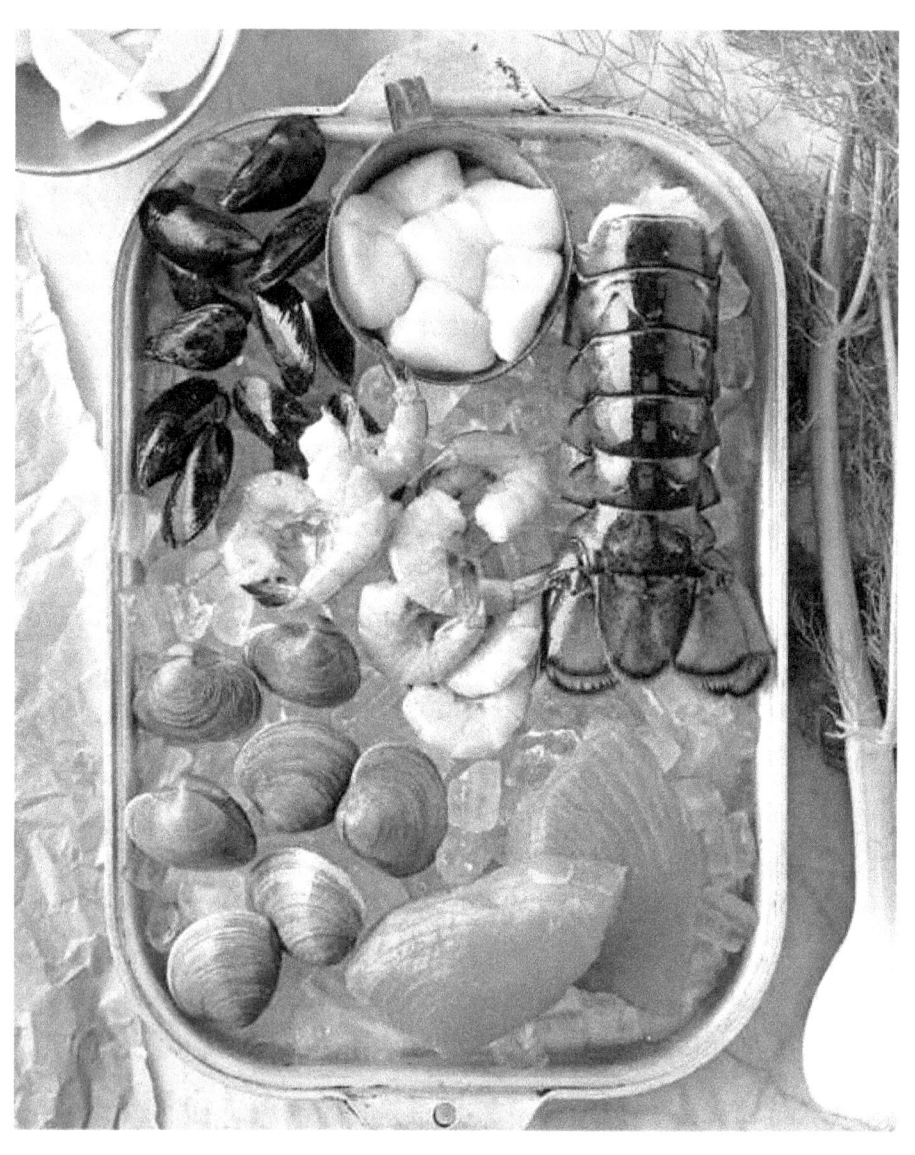

ZÖLD HARISSA LAZAC

HÁZI FELADAT: 25 perc sütés: 10 perc grill: 8 perc hozam: 4 adag FÉNYKÉP

SZABVÁNYOS ZÖLDSÉGHÁMOZÓT HASZNÁLNAK. A FRISS NYERS SPÁRGÁT VÉKONY CSÍKOKRA VÁGNI SALÁTÁHOZ. RAGYOGÓ CITRUSOS VINAIGRETTE-VEL KEVERVE (VÖRECEPT) ÉS PÖRKÖLT ÉS FÜSTÖLT NAPRAFORGÓMAGGAL TÖLTVE FRISSÍTŐ KÍSÉRŐJE A LAZACOS ÉS ZÖLD ZÖLDSÉGES CSUSZÁNAK.

LAZAC
4 db 6-8 uncia friss vagy fagyasztott bőr nélküli lazacfilé, körülbelül egy hüvelyk vastag

Olivaolaj

HARISSA
1½ teáskanál köménymag

1½ teáskanál koriandermag

1 csésze szorosan csomagolt friss petrezselyemlevél

1 csésze durvára vágott friss koriander (levél és szár)

2 jalapeno kimagozva és durvára vágva (lásd dönthető)

1 újhagyma apróra vágva

2 gerezd fokhagyma

1 teáskanál finomra reszelt citromhéj

2 evőkanál friss citromlé

⅓ csésze olívaolaj

FŰSZERES NAPRAFORGÓMAG
⅓ csésze nyers napraforgómag

1 teáskanál olívaolaj

1 teáskanál füstölt fűszerezés (lásd recept)

SALÁTA
12 nagy spárga, vágva (körülbelül egy kiló)

⅓ csésze élénk citrusos vinaigrette (lásd recept)

1. Olvassza fel a halat, ha fagyott; papírtörlővel szárítsuk meg. Enyhén megkenjük a hal mindkét oldalát olívaolajjal. Félretesz, mellőz.

2. A harissához egy kis serpenyőben pirítsuk meg a köménymagot és a koriandermagot közepesen alacsony lángon 3-4 percig, vagy amíg enyhén pirulnak és illatosak lesznek. Aprítógépben keverje össze a köménymagot és a pirított koriandert, petrezselymet, koriandert, jalapenót, mogyoróhagymát, fokhagymát, citromhéjat, citromlevet és olívaolajat. Simára dolgozzuk. Félretesz, mellőz.

3. A fűszerezett napraforgómaghoz melegítse elő a sütőt 300 °F-ra. Béleljen ki egy tepsit sütőpapírral; félretesz, mellőz. Egy kis tálban keverje össze a napraforgómagot és 1 teáskanál olívaolajat. Szórjuk meg a füstös fűszerezést a magokra; kabátba dobni. A napraforgómagot egyenletesen eloszlatjuk a sütőpapíron. Süssük körülbelül 10 percig, vagy amíg enyhén megpirul.

4. Faszén- vagy gázsütőnél helyezze a lazacot egy zsírozott grillrácsra közvetlenül közepes lángon. Fedjük le és grillezzük 8-12 percig, vagy amíg villával teszteljük a halat, és a grillezés felénél megfordítjuk.

5. Közben a salátához zöldséghámozó segítségével hosszú vékony csíkokra vágjuk a spárgát. Tegyük át egy közepes tálba vagy tányérba. (A hegyek letörnek, amikor a szárak elvékonyodnak; adjuk hozzá egy tálba vagy tálba.) Csorgassuk a fényes citrusos vinaigrettet a meghámozott szárra. Megszórjuk fűszerezett napraforgómaggal.

6. Tálaláskor tegyünk egy-egy steaket mind a négy tányérra; Minden filére öntsünk egy kis zöld harissát. Az apróra vágott spárgasalátával tálaljuk.

GRILLEZETT LAZAC PÁCOLT ARTICSÓKA SZÍVSALÁTÁVAL

HÁZI FELADAT:20 perc grillezés: 12 perc hozam: 4 adag

GYAKRAN A LEGJOBB ESZKÖZ A SALÁTA ELKÉSZÍTÉSÉHEZEZ A TE KEZED HA EBBE A SALÁTÁBA EGYENLETESEN BELEKEVERED A BÉBI SALÁTÁT ÉS A GRILLEZETT ARTICSÓKÁT, AKKOR A LEGJOBB TISZTA KÉZZEL.

4 db 6 uncia friss vagy fagyasztott lazacfilé
1 db 9 unciás csomag fagyasztott articsóka szív, felolvasztva és eltávolítva
5 evőkanál olívaolaj
2 evőkanál apróra vágott medvehagyma
1 evőkanál finomra reszelt citromhéj
¼ csésze friss citromlé
3 evőkanál apróra vágott friss oregánó
½ teáskanál frissen őrölt fekete bors
1 evőkanál mediterrán fűszerezés (lásd recept)
5 uncia csomag vegyes bébi saláta

1. Olvassza fel a halat, ha fagyott. Öblítse le a halat; papírtörlővel szárítsuk meg. Ragaszd a halat.

2. Egy közepes tálban dobd fel az articsóka szíveket 2 evőkanál olívaolajjal; félretesz, mellőz. Egy nagy tálban keverj össze 2 evőkanál olívaolajat, medvehagymát, citromhéjat, citromlevet és ércet; félretesz, mellőz.

3. Faszén- vagy gázgrill esetén helyezze az articsóka magját egy grillkosárba, és süsse közvetlenül közepes-nagy lángon. Fedjük le, és grillezzük 6-8 percig, vagy amíg jól megpirul és átmelegszik, gyakran kevergetve. Távolítsa el az articsókát a grillről. Hagyjuk hűlni 5 percig, majd adjuk

hozzá az articsókát a medvehagymás keverékhez. Borssal ízesítjük; kabátba dobni. Félretesz, mellőz.

4. Fűszerezze a lazacot a maradék kanál olívaolajjal; megszórjuk mediterrán fűszerekkel. Helyezze a lazacot a grillre, fűszerezett oldalával lefelé, közvetlenül közepes-nagy lángon. Fedjük le és grillezzük 6-8 percig, vagy amíg villával teszteljük a halat, és a grillezés felénél óvatosan fordítsuk meg.

5. Adja hozzá a salátát a tálba a pácolt articsókával; óvatosan feldobjuk, hogy bevonja. A salátát grillezett lazaccal tálaljuk.

INSTANT POTBAN SÜLT CHILIS ZSÁLYÁS LAZAC ZÖLD PARADICSOM SALSÁVAL

HÁZI FELADAT:35 perc hűtés: 2-4 óra sütés: 10 perc Előállítás: 4 adag

A "FLASH-SÜTÉS" A TECHNIKÁRA UTALMINT EGY SZÁRAZ SERPENYŐT A SÜTŐBEN MAGAS HŐFOKRA MELEGÍTENI, HOZZÁADNI EGY KIS OLAJAT ÉS A HALAT, CSIRKÉT VAGY HÚST (VÉGE!), MAJD BEFEJEZNI AZ ÉTELT A SÜTŐBEN. A GYORS GRILLEZÉS LERÖVIDÍTI A FŐZÉSI IDŐT, ÉS KÍVÜLRŐL KELLEMESEN ROPOGÓS KÉREG, BELÜL PEDIG LÉDÚS, ZAMATOS LESZ.

LAZAC
- 4 friss vagy fagyasztott lazacfilé, 5-6 uncia
- 3 evőkanál olívaolaj
- ¼ csésze finomra vágott hagyma
- 2 gerezd fokhagyma, meghámozva és apróra vágva
- 1 evőkanál őrölt koriander
- 1 teáskanál őrölt kömény
- 2 teáskanál édes paprika
- 1 teáskanál szárított oregánó, összetörve
- ¼ teáskanál cayenne bors
- ⅓ csésze friss limelé
- 1 evőkanál apróra vágott friss zsálya

ZÖLD PARADICSOMSZOSZ
- 1½ csésze kockára vágott kemény zöld paradicsom
- ⅓ csésze apróra vágott vöröshagyma
- 2 evőkanál friss koriander csíkokra vágva
- 1 jalapeno kimagozva és apróra vágva (lásddönthető)

1 gerezd darált fokhagyma
½ teáskanál őrölt kömény
¼ teáskanál chili por
2-3 evőkanál friss citromlé

1. Olvassza fel a halat, ha fagyott. Öblítse le a halat; papírtörlővel szárítsuk meg. Ragaszd a halat.

2. A chilis zsálya tésztához egy kis serpenyőben keverj össze 1 evőkanál olívaolajat, hagymát és fokhagymát. Főzzük alacsony lángon 1-2 percig, vagy amíg illatos lesz. Adjunk hozzá koriandert és köményt; főzzük és keverjük 1 percig. Adjunk hozzá paprikát, oregánót és cayenne borsot; főzzük és keverjük 1 percig. Adjunk hozzá citromlevet és zsályát; főzzük és keverjük körülbelül 3 percig, vagy amíg sima paszta képződik; hideg

3. Az ujjaival kenjük be a filé mindkét oldalát chilis zsálya pasztával. Helyezze a halat nem reaktív vagy üvegedénybe; szorosan fedje le műanyag fóliával. Hűtőbe tesszük 2-4 órára.

4. Közben a szószhoz egy közepes tálban keverjük össze a paradicsomot, a hagymát, a koriandert, a jalapenót, a fokhagymát, a köményt és a chiliport. Keverjük jól össze. Meglocsoljuk citromlével; kabátba dobni.

4. Gumi spatulával kaparjunk le annyi pasztát a lazacról, amennyit csak tudunk. Dobja el a pasztát.

5. Helyezzen egy nagy öntöttvas serpenyőt a sütőbe. Melegítsük elő a sütőt 500 ° F. Melegítsük elő a sütőt egy serpenyőben.

6. Vegye ki a forró serpenyőt a sütőből. Öntsön 1 evőkanál olívaolajat a serpenyőbe. Döntse meg a serpenyőt, hogy a serpenyő alját bevonja olajjal. Helyezzük a filéket a serpenyőbe, bőrös felével lefelé. A filék tetejét megkenjük a maradék evőkanál olívaolajjal.

7. Grillezze a lazacot körülbelül 10 percig, vagy amíg villával tesztelve a hal el nem kezd pelyhesedni. A halat a szósszal tálaljuk.

SÜLT LAZAC ÉS SPÁRGA PAPILLOTE-BAN CITROMOS ÉS MOGYORÓS PESTOVAL

HÁZI FELADAT:20 perc sütés: 17 perc Hozam: 4 adag

AZ „EN PAPILLOTE" FŐZÉS EGYSZERŰEN AZT JELENTI, HOGY PAPÍRON FŐZÜNK.SOK OKBÓL CSODÁLATOS FŐZÉSI MÓD. A HALAT ÉS A ZÖLDSÉGEKET A PERGAMENCSOMAGOLÁSBAN PÁROLJÁK, LEZÁRVA A LEVET, AZ ÍZT ÉS A TÁPANYAGOKAT, ÉS NINCS SZÜKSÉG UTÁNA MOSNIVALÓ EDÉNYEKRE.

4 db 6 uncia friss vagy fagyasztott lazacfilé

1 csésze enyhén csomagolt friss bazsalikomlevél

1 csésze enyhén csomagolt friss petrezselyemlevél

½ csésze pirított mogyoró*

5 evőkanál olívaolaj

1 teáskanál finomra reszelt citromhéj

2 evőkanál friss citromlé

1 gerezd darált fokhagyma

1 kiló finom spárga, vágva

4 evőkanál száraz fehérbor

1. Olvassza fel a lazacot, ha fagyott. Öblítse le a halat; papírtörlővel szárítsuk meg. Melegítsük elő a sütőt 400°F-ra.

2. A pestóhoz turmixgépben vagy robotgépben keverje össze a bazsalikomot, a petrezselymet, a mogyorót, az olívaolajat, a citromhéjat, a citromlevet és a fokhagymát. Fedjük le és turmixoljuk vagy dolgozzuk simára; félretesz, mellőz.

3. Vágjon négy 12 hüvelykes négyzetet a sütőpapírból. Minden csomaghoz tegyen egy lazacfilét egy pergamen négyzet közepére. A tetejére tegyük a spárga negyedét és 2-3 evőkanál pestót; meglocsoljuk 1 evőkanál borral. Fogja meg a sütőpapír két ellentétes oldalát, és hajtsa rá többször a halra. Hajtsa be a pergamen széleit a lezáráshoz. Ismételje meg három további köteg elkészítéséhez.

4. Grillezzön 17-19 percig, vagy amíg a hal el nem kezd pelyhesedni, ha villával teszteljük (óvatosan nyissa ki a csomagolást, hogy ellenőrizze, hogy igen).

* Tipp: A mogyoró pirításához melegítse elő a sütőt 350 °F-ra. A diót egy rétegben terítse el egy sekély tepsibe. Süssük 8-10 percig, vagy amíg enyhén megpirul, egyszer keverjük meg, hogy egyenletesen barnuljon. A diót kissé lehűtjük. Helyezze a meleg kókuszt egy tiszta konyharuhára; Dörzsölje át egy törülközővel a laza bőr eltávolításához.

FŰSZEREZETT LAZAC GOMBÁS ÉS ALMASZÓSSZAL

KEZDÉSTŐL A VÉGÉIG:40 perc elkészítés: 4 adag

EZ AZ EGÉSZ LAZACFILÉPÁROLT GOMBÁVAL, MEDVEHAGYMÁVAL, PIROS HÉJÚ ALMASZELETEKKEL ÉS ÉLÉNKZÖLD SPENÓTÁGYON TÁLALVA LENYŰGÖZŐ ÉTEL A VENDÉGEKNEK.

1 ½ font friss vagy fagyasztott egész lazacfilé, bőrrel

1 teáskanál édesköménymag finomra törve*

½ teáskanál szárított zsálya, összetörve

½ teáskanál őrölt koriander

¼ teáskanál száraz mustár

¼ teáskanál fekete bors

2 evőkanál olívaolaj

1½ csésze friss cremini gomba, negyedelve

1 közepes mogyoróhagyma, nagyon vékonyra szeletelve

1 kis főzőalma, negyedelve, kimagozva és vékonyra szeletelve

¼ csésze száraz fehérbor

4 csésze friss spenót

Egy ág friss zsálya (elhagyható)

1. Olvassza fel a lazacot, ha fagyott. Melegítsük elő a sütőt 425 ° F-ra. Béleljünk ki egy nagy tepsit sütőpapírral; félretesz, mellőz. Öblítse le a halat; papírtörlővel szárítsuk meg. Helyezze a lazacot bőrrel lefelé egy előkészített tepsire. Egy kis tálban keverje össze az édesköménymagot, ½ teáskanál szárított zsályát, koriandert, mustárt és borsot. Egyenletesen szórjuk a lazacra; Dörzsölje ujjaival.

2. Mérjük meg a hal vastagságát. Grillezzön lazacot 4-6 percig 1/2 hüvelyk vastagságonként, vagy amíg villával tesztelve a hal pelyhesedni kezd.

3. Eközben a serpenyős szószhoz egy nagy serpenyőben közepes lángon felforrósítjuk az olívaolajat. Adjunk hozzá gombát és mogyoróhagymát; Főzzük 6-8 percig, vagy amíg a gomba megpuhul, és éppen kezd barnulni, időnként megkeverve. Adjuk hozzá az almát; lefedve főzzük és keverjük még 4 percig. Óvatosan adjuk hozzá a bort. Fedő nélkül főzzük 2-3 percig, vagy amíg az almaszeletek megpuhulnak. Egy hasított kanál segítségével vigye át a gombás keveréket egy közepes tálba; fedjük le, hogy melegen tartsuk.

4. Ugyanabban a serpenyőben állandó keverés mellett főzzük a spenótot egy percig, vagy amíg a spenót megpuhul. Osszuk el a spenótot négy tálaló tányérra. A lazacfilét négy egyenlő részre vágjuk, átvágjuk, de ne a bőrön keresztül. Egy nagy spatulával távolítsa el a lazac részeit a bőrről; minden tányéron tegyünk egy szelet lazacot a spenót tetejére. A gombás keveréket egyenletesen a lazacra öntjük. Kívánság szerint friss zsályával díszítjük.

* Tipp: mozsártörővel és fűszerdarálóval törje össze az édesköménymagot.

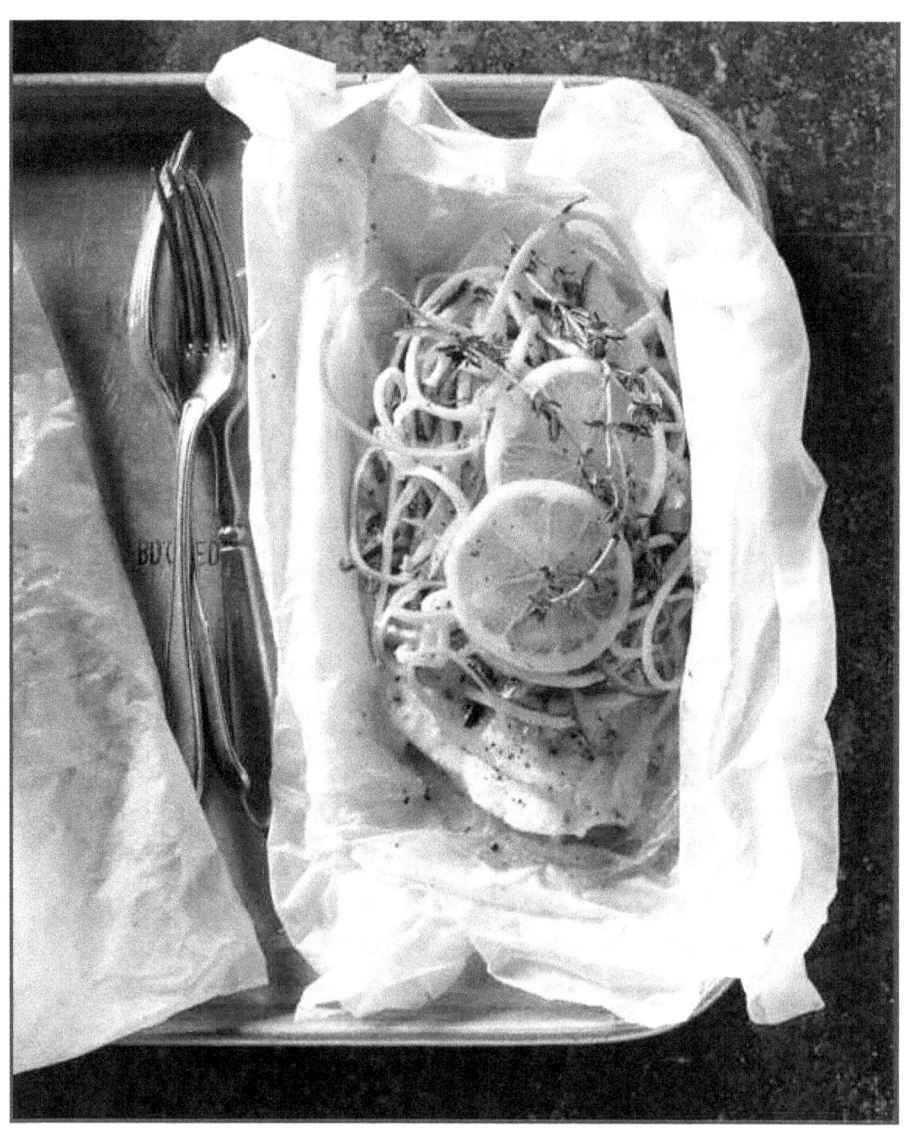

SOLE EN PAPILLOTE JULIENNE ZÖLDSÉGEKKEL

HÁZI FELADAT:30 perc sütés: 12 perc Hozam: 4 adagFÉNYKÉP

BIZTOSAN LEHET JULIENNE ZÖLDSÉGEKETJÓ ÉLES SZAKÁCSKÉSSEL, DE SOKÁIG TART. JULIENNE HÁMOZÁSA (LÁSD"FELSZERELÉS") SEGÍTSÉGÉVEL GYORSAN KÉSZÍTHET HOSSZÚ, VÉKONY, EGYENLETES FORMÁJÚ ZÖLDSÉGCSÍKOKAT.

4 filé nyelvhal, lepényhal vagy kemény fehér halfilé, frissen vagy fagyasztva

1 cukkini julienne-re vágva

1 nagy sárgarépa, szeletelt juljene

½ vöröshagyma, julienne-re vágva

2 roma paradicsom kimagozva és apróra vágva

2 gerezd darált fokhagyma

1 evőkanál olívaolaj

½ teáskanál fekete bors

1 citrom 8 vékony szeletre vágva, kimagozva

8 szál friss kakukkfű

4 teáskanál olívaolaj

¼ csésze száraz fehérbor

1. Olvassza fel a halat, ha fagyott. Melegítse elő a sütőt 375° F-ra. Egy nagy tálban keverje össze a cukkinit, a sárgarépát, a hagymát, a paradicsomot és a fokhagymát. Adjunk hozzá 1 evőkanál olívaolajat és ¼ teáskanál borsot; jól keverjük össze. Rögzítse a zöldségeket.

2. Vágjon négy 14 hüvelykes négyzetet a pergamenpapírból. Öblítse le a halat; papírtörlővel szárítsuk meg. Helyezzen egy filét minden négyzet közepére. Megszórjuk a maradék teáskanál borssal. A zöldségeket, a citromkarikákat és a kakukkfűszálakat egyenletesen elosztva elosztjuk a

filéken. Minden köteget meglocsolunk 1 teáskanál olívaolajjal és 1 evőkanál fehérborral.

3. Egyszerre egy csomaggal dolgozva emelje meg a sütőpapír két ellentétes oldalát, és hajtsa rá többször a halra. Hajtsa be a pergamen széleit a lezáráshoz.

4. Helyezze a csomagokat egy nagy tepsire. Süssük körülbelül 12 percig, vagy amíg a hal el nem kezd pelyhesedni, ha villával teszteljük (óvatosan nyissa ki a csomagolást, hogy ellenőrizze, hogy nem).

5. A tálaláshoz helyezzen minden csomagot egy tányérra; óvatosan nyissa ki a csomagokat.

RUKKOLA PESTO TACOS FÜSTÖLT LIME KRÉMMEL

HÁZI FELADAT:30 perc grillezés: 4-6 perc ½ hüvelyk vastagságonként Kitermelés: 6 adag

A NYELVHAL HELYETTESÍTHETI A TŐKEHALAT– EZ NEM TILÁPIA. A TILÁPIA SAJNOS AZ EGYIK LEGROSSZABB VÁLASZTÁS A HALAK SZÁMÁRA. SZINTE ÁLTALÁNOSAN TENYÉSZTIK, ÉS GYAKRAN BORZALMAS KÖRÜLMÉNYEK KÖZÖTT, ÍGY BÁR A TILÁPIA SZINTE MINDENHOL MEGTALÁLHATÓ, KERÜLNI KELL.

4 friss vagy fagyasztott 4-5 uncia nyelvhal filé, körülbelül ½ hüvelyk vastag

1 recept a Rocket Pesto-hoz (lásd recept)

½ csésze kesudiókrém (vö recept)

1 teáskanál füstölt fűszerezés (lásd recept)

½ teáskanál finomra reszelt lime héj

12 levél vajas saláta

1 érett avokádó félbevágva, kimagozva, meghámozva és vékonyra szeletelve

1 csésze apróra vágott paradicsom

¼ csésze apróra vágott friss koriander

1 lime, szeletekre vágva

1. Olvassza fel a halat, ha fagyott. Öblítse le a halat; papírtörlővel szárítsuk meg. Ragaszd a halat.

2. Dörzsölje be egy kis rukkola Pesto-val a hal mindkét oldalát.

3. Faszén- vagy gázgrillhez helyezze a halat olajozott rácsra közvetlenül közepes lángon. Fedjük le és grillezzük 4-6 percig, vagy amíg villával teszteljük a halat, és a grillezés felénél megfordítjuk.

4. Közben a Füstölt lime krémhez egy kis tálban keverjük össze a kesudiókrémet, a füstölt fűszereket és a lime héját.

5. Villával darabokra törjük a halat. Töltsük meg a vajlapokat hallal, avokádószeletekkel és paradicsommal; megszórjuk korianderrel. Meglocsoljuk a tacókat füstölt lime krémmel. Lime szeletekkel tálaljuk, hogy a tacokra nyomkodjuk.

GRILLEZETT TŐKEHAL ÉS CUKKINI CSOMAGOLÁS FŰSZERES MANGÓ BAZSALIKOM SZÓSSZAL

HÁZI FELADAT:20 perc grillezés: 6 perc hozam: 4 adag

1-1,5 font friss vagy fagyasztott tőkehal, ½-1 hüvelyk vastag
4 darab 24 hüvelyk hosszú, fólia 12 hüvelyk széles
1 közepes cukkini, szeletelt juljene
Citromfűfűszer (vörecept)
¼ csésze Chipotle Paleo Mayo (vörecept)
1-2 evőkanál érett mangópüré*
1 evőkanál friss citrom- vagy limelé vagy rizsborecet
2 evőkanál apróra vágott friss bazsalikom

1. Olvassza fel a halat, ha fagyott. Öblítse le a halat; papírtörlővel szárítsuk meg. A halat négy részre vágjuk.

2. Hajtsa félbe az alufólia minden darabját, hogy dupla vastagságú, 30 cm-es négyzetet hozzon létre. A hal egy részét fél négyzet alakú alufóliába helyezzük. A tetejére rátesszük a cukkini negyedét. Megszórjuk citromfűszerrel. Távolítsa el az alufólia két ellentétes oldalát, és hajtsa rá többször a cukkinire és a halra. Hajtsa be az alufólia széleit. Ismételje meg három további köteg elkészítéséhez. A szószhoz egy kis tálban keverjük össze a Chipotle Paleo Mayo-t, a mangót, a lime levét és a bazsalikomot; félretesz, mellőz.

3. Faszén- vagy gázgrill esetén helyezze a csomagokat közvetlenül olajozott grillrácsra közepes lángon. Fedjük le, és grillezzük 6-9 percig, vagy amíg a villával tesztelve a hal feldarabolódik, és a cukkini ropogós-puha lesz (a

teszteléshez óvatosan nyissa ki a csomagot). Grillezés közben ne fordítsa meg a csomagokat. Minden adagot megkenünk a szósszal.

*Tippek: A mangópüréhez keverj össze egy turmixgépben ¼ csésze apróra vágott mangót és 1 evőkanál vizet. Fedjük le és turmixoljuk simára. A turmixhoz adjuk a pürésített mangótörmeléket.

RIZLING BUGGYANTOTT TŐKEHAL PESTÓVAL TÖLTÖTT PARADICSOMMAL

HÁZI FELADAT:30 perc főzés: 10 perc hozam: 4 adag

1-1,5 font friss vagy fagyasztott tőkehalfilé, körülbelül 1 hüvelyk vastag
4 roma paradicsom
3 evőkanál bazsalikomos pesto (lásd recept)
¼ teáskanál őrölt fekete bors
1 csésze száraz rizling vagy sauvignon blanc
1 szál friss kakukkfű vagy ½ teáskanál szárított kakukkfű, összetörve
1 babérlevél
½ csésze vizet
2 evőkanál apróra vágott metélőhagyma
Citrom szelet

1. Olvassza fel a halat, ha fagyott. A paradicsomot vízszintesen kettévágjuk. Vegye ki a magokat és a pép egy részét. (Ha szükséges, hogy a paradicsom megdermedjen, a végétől kezdve nagyon vékonyra szeleteljük, ügyelve arra, hogy a paradicsom aljába ne kerüljön lyuk.) A paradicsom minden felére tegyünk egy kis pestót; megszórjuk őrölt borssal; félretesz, mellőz.

2. Öblítse le a halat; papírtörlővel szárítsuk meg. A halat négy részre vágjuk. Helyezzen egy párolókosarat egy nagy serpenyőbe, szorosan záródó fedéllel. Adjunk hozzá körülbelül ½ hüvelyk vizet a serpenyőbe. Hagyjuk felforrni; csökkentse a hőt közepesre. Tegye a paradicsomot vágott oldalukkal felfelé a kosárba. Fedjük le és pároljuk 2-3 percig, vagy amíg át nem melegszik.

3. Rendezzük el a paradicsomot egy tányéron; fedjük le, hogy melegen tartsuk. Vegye ki a párolókosarat a serpenyőből; dobd ki a vizet. Adjuk hozzá a bort, a kakukkfüvet, a babérlevelet és a fél csésze vizet a serpenyőbe. Hagyjuk felforrni; Csökkentse a hőt közepes-alacsonyra. Adjuk hozzá a halat és az újhagymát. Pároljuk lefedve 8-10 percig, vagy amíg villával teszteljük, amíg a hal fel nem válik.

4. Kenje meg a halat az orvvadászat folyadékkal. A halat pestóval töltött paradicsommal és citromkarikákkal tálaljuk.

GRILLEZETT TŐKEHAL PISZTÁCIA KÉREGGEL ÉS KORIANDERREL ÉDESBURGONYAPÜRÉN

HÁZI FELADAT:20 perc főzés: 10 perc roston: 4-6 perc ½ hüvelyk vastagságonként
Kitermelés: 4 adag

1-1,5 font friss vagy fagyasztott tőkehal
Olívaolaj vagy finomított kókuszolaj
2 evőkanál őrölt pisztácia, dió vagy mandula
1 tojás fehérje
½ teáskanál finomra reszelt citromhéj
1½ kiló édesburgonya, meghámozva és kockákra vágva
2 gerezd fokhagyma
1 evőkanál kókuszolaj
1 evőkanál reszelt friss gyömbér
½ teáskanál őrölt kömény
¼ csésze kókusztej (például Nature's Way)
4 teáskanál koriander pesto vagy bazsalikomos pesto (lásd receptek)

1. Olvassza fel a halat, ha fagyott. A grillt előmelegítjük. Grill olaj grill. Egy kis tálban keverje össze a darált diót, a tojásfehérjét és a citromhéjat; félretesz, mellőz.

2. Az édesburgonyapüréhez egy közepes lábasban főzzük meg az édesburgonyát és a fokhagymát annyi forrásban lévő vízben, hogy ellepje 10-15 percig, vagy amíg megpuhul. Lefolyni; Tegye vissza az édesburgonyát és a fokhagymát a serpenyőbe. Burgonyanyomóval pépesítsd az édesburgonyát. Adjunk hozzá 1 evőkanál kókuszolajat, gyömbért és köményt. A kókusztejjel világos és habosra keverjük.

3. Öblítse le a halat; papírtörlővel szárítsuk meg. A halat négy részre vágjuk, és az előkészített fűtetlen grillrácsra helyezzük. Tedd a vékony szélek alá. Minden darabot megkenünk koriander pestóval. A diós keveréket ráöntjük a pestora, és óvatosan szétterítjük. Grillezzön halat 4-6 percig tűzről 4-6 percig fél hüvelyk vastagságonként, vagy villával tesztelve addig, amíg a hal pelyhes lesz, ha a bevonat égni kezd, grillezés közben fedje le alufóliával. A halat édesburgonyával tálaljuk.

ROZMARINGOS TŐKEHAL ÉS MANDARIN SÜLT BROKKOLIVAL

HÁZI FELADAT:15 perc Pácolás: legfeljebb 30 perc Sütés: 12 perc Előállítás: 4 adag

- 1-1,5 font friss vagy fagyasztott tőkehal
- 1 teáskanál finomra reszelt mandarin héja
- ½ csésze friss mandarin vagy narancslé
- 4 evőkanál olívaolaj
- 2 teáskanál friss rozmaring csíkokra vágva
- ¼-½ teáskanál őrölt fekete bors
- 1 teáskanál finomra reszelt mandarin héja
- 3 csésze brokkoli rózsa
- ¼ teáskanál törött pirospaprika
- Mandarin szeletek, kimagozva

1. Melegítse elő a sütőt 450 °F-ra. Olvassa ki a halat, ha fagyott. Öblítse le a halat; papírtörlővel szárítsuk meg. A halat négy részre vágjuk. Mérjük meg a hal vastagságát. Egy sekély edényben keverje össze a mandarin héját, a mandarin levét, 2 evőkanál olívaolajat, rozmaringot és fekete borsot; adjunk hozzá halat. Fedjük le és pácoljuk a hűtőszekrényben legfeljebb 30 percig.

2. Egy nagy tálban dobd meg a brokkolit a maradék 2 evőkanál olívaolajjal és a törött pirospaprikával. 2 literes tepsibe tesszük.

3. Enyhén kenjen ki egy sekély tepsit további olívaolajjal. A halat lecsöpögtetjük, a pácot félretesszük. Helyezze a halat a serpenyőbe, a vékony szélei alá dugva. Helyezze a halat és a brokkolit a sütőbe. Süssük a brokkolit 12-15 percig, vagy amíg ropogós nem lesz, a főzés felénél megkeverjük.

Süssük a halat 4-6 percig 1/2 hüvelyk vastagságban, vagy villával tesztelve addig, amíg a hal pelyhesedik.

4. Egy kis serpenyőben forraljuk fel a fenntartott pácot; főzzük 2 percig. A főtt halat meglocsoljuk a páccal. A halat brokkolival és mandarinszeletekkel tálaljuk.

TŐKEHAL SALÁTA PAKOLÁSOK PÁCOLT RETEKKEL

HÁZI FELADAT:20 perc pihenés: 20 perc főzés: 6 perc hozam: 4 adagFÉNYKÉP

1 font friss vagy fagyasztott tőkehalfilé
6 retek durvára reszelve
6-7 evőkanál almaecet
½ teáskanál törött pirospaprika
2 evőkanál finomítatlan kókuszolaj
¼ csésze mandulavaj
1 gerezd darált fokhagyma
2 teáskanál finomra reszelt gyömbér
2 evőkanál olívaolaj
1½-2 teáskanál sótlan currypor
4-8 vajas salátalevél vagy salátalevél
1 piros kaliforniai paprika, juljene apróra vágva
2 evőkanál friss koriander csíkokra vágva

1. Olvassza fel a halat, ha fagyott. Egy közepes tálban keverje össze a retket, 4 evőkanál ecetet és ¼ teáskanál törött pirospaprikát; 20 percig állni hagyjuk, időnként megkeverjük.

2. A mandulavajas szószhoz egy kis serpenyőben olvasszuk fel a kókuszolajat alacsony lángon. A mandula vajat simára keverjük. Adjunk hozzá fokhagymát, gyömbért és a maradék ¼ teáskanál törött pirospaprikát. Vegyük le a tűzről. Adjuk hozzá a maradék 2-3 evőkanál almaecetet, keverjük simára; félretesz, mellőz. (A szósz kissé besűrűsödik, ha ecetet adunk hozzá.)

3. Öblítse le a halat; papírtörlővel szárítsuk meg. Egy nagy serpenyőben közepes lángon hevítsük fel az olívaolajat és

a curryport. Adjuk hozzá a halat; főzzük 3-6 percig, vagy amíg villával teszteljük a halat, és a főzés felénél megfordítjuk. Két villa segítségével durvára szeleteljük a halat.

4. A retket lecsepegtetjük; dobja ki a pácot. Minden salátalevélre kanalazzon egy kis halat, édes paprika csíkokat, tormakeveréket és mandulavajszószt. Megszórjuk korianderrel. Tekerjük a fóliát a töltelék köré. Ha szükséges, rögzítse a fából készült fogakkal ellátott burkolatot.

SÜLT FOLTOS CITROM ÉS ÉDESKÖMÉNY

HÁZI FELADAT:25 perc pörkölés: 50 perc hozam: 4 adag

A FOLTOS TŐKEHAL, A POLLOCK ÉS A TŐKEHAL RENDELKEZIK VELEFESZES FEHÉR HÚS ENYHE ÍZZEL. A LEGTÖBB RECEPTBEN FELCSERÉLHETŐK, BELEÉRTVE EZT A KÖNNYEN SÜTHETŐ HAL- ÉS ZÖLDSÉGÉTELT, FŰSZERNÖVÉNYEKKEL ÉS BORRAL.

4 6 uncia friss vagy fagyasztott foltos tőkehal, foltos tőkehal vagy tőkehal filé, körülbelül ½ hüvelyk vastag

1 nagy édesköményhagyma, magház nélkül és apróra vágva, a leveleket fenntartva és apróra vágva

4 közepes sárgarépa függőlegesen felezve és 2-3 hüvelyk hosszú darabokra vágva

1 vöröshagyma félbe vágva és felkockázva

2 gerezd darált fokhagyma

1 vékonyra szeletelt citrom

3 evőkanál olívaolaj

½ teáskanál fekete bors

¾ csésze száraz fehérbor

2 evőkanál finomra vágott friss petrezselyem

2 evőkanál apróra vágott friss édesköménylevél

2 teáskanál finomra reszelt citromhéj

1. Olvassza fel a halat, ha fagyott. Melegítsük elő a sütőt 400 °F-ra. Egy 3 literes téglalap alakú tepsiben keverjük össze az édesköményt, a sárgarépát, a hagymát, a fokhagymát és a citromkarikákat. Meglocsoljuk 2 evőkanál olívaolajjal, és megszórjuk ¼ teáskanál borssal; kabátba dobni. Öntsük a bort egy tányérra. Fedjük le az edényt alufóliával.

2. Grillezzük 20 percig. Kitalál; keverjük hozzá a zöldséges keverékhez. Grillezz még 15-20 percig, vagy amíg a

zöldségek ropogós-puhák lesznek. Keverjük hozzá a zöldségkeveréket. Megszórjuk a halat a maradék ¼ teáskanál borssal; helyezzük a halat a zöldségkeverék tetejére. Meglocsoljuk a maradék evőkanál olívaolajjal. Grillezzön 8-10 percig, vagy amíg villával tesztelik a halat.

3. Egy kis tálban keverjük össze a petrezselymet, az édeskömény gyümölcsöt és a citromhéjat. Tálaláskor a hal-zöldségkeveréket elosztjuk a tálalótányérok között. Öntsük a serpenyőben lévő leveket a halra és a zöldségekre. Megszórjuk petrezselymes keverékkel.

DIÓHÉJÚ SNAPPER REMULÁDÉVAL, CAJUN OKRA-VAL ÉS PARADICSOMMAL

HÁZI FELADAT:1 óra főzés: 10 perc sütés: 8 perc Kitermelés: 4 adag

EZ A HALÉTEL ILLIK A TÁRSASÁGHOZAZ ELKÉSZÍTÉSE EGY KIS IDŐBE TELIK, DE A GAZDAG ÍZEK MIATT MEGÉRI. A REMOULADE, EGY MAJONÉZ ALAPÚ SZÓSZ MUSTÁROS-CITROMOS-CAJUN ÖNTETTEL, ÉS APRÓRA VÁGOTT PIROSPAPRIKÁBÓL, MOGYORÓHAGYMÁBÓL ÉS PETREZSELYEMMEL KÉSZÜL, MÁR EGY NAPPAL KORÁBBAN ELKÉSZÍTHETŐ ÉS HŰTŐBEN TÁROLHATÓ.

- 4 evőkanál olívaolaj
- ½ csésze finomra vágott pekándió
- 2 evőkanál apróra vágott friss petrezselyem
- 1 evőkanál apróra vágott friss kakukkfű
- 2 8 uncia vörös snapper filé, ½ hüvelyk vastag
- 4 teáskanál Cajun fűszerkeverék (lásd<u>recept</u>)
- ½ csésze apróra vágott hagyma
- ½ csésze apróra vágott zöldpaprika
- ½ csésze kockára vágott zeller
- 1 evőkanál darált fokhagyma
- 1 font friss okra hüvely 1 hüvelyk vastag szeletekre vágva (vagy friss spárga, 1 hüvelykes darabokra vágva)
- 8 uncia koktél- vagy szőlőparadicsom, félbevágva
- 2 teáskanál apróra vágott friss kakukkfű
- Fekete bors
- Rémoulade (lásd a receptet, jobbra)

1. Egy közepes serpenyőben hevíts fel 1 evőkanál olívaolajat közepes lángon. Adjuk hozzá a diót, és pirítsuk körülbelül 5 percig, vagy amíg aranyszínű és illatos nem lesz, gyakran keverjük meg. Tegyük át a diót egy kis tálba, és

hagyjuk kihűlni. Adjuk hozzá a petrezselymet és a kakukkfüvet, és tartsuk le.

2. Melegítse elő a sütőt 400° F-ra. Béleljen ki egy tepsit sütőpapírral vagy alufóliával. Helyezze a snapper filéket a tepsire, bőrös felével lefelé, és mindegyiket megszórja egy teáskanál Cajun fűszerezéssel. Süteményecsettel kenjük meg a filéket 2 evőkanál olívaolajjal. A diós keveréket egyenletesen elosztjuk a filék között, finoman nyomkodjuk a diót a hal felületére, hogy megtapadjon. A halfilé minden szabad területét lehetőleg dióval borítsa be. Süssük a halat 8-10 percig, vagy amíg egy kés hegyével könnyen pelyhesednek.

3. Egy nagy serpenyőben közepes-magas lángon felforrósítjuk a maradék evőkanál olívaolajat. Adjuk hozzá a hagymát, a kaliforniai paprikát, a zellert és a fokhagymát. Főzzük és keverjük 5 percig, vagy amíg a zöldségek ropogós nem lesznek. Adjunk hozzá apróra vágott okra (vagy spárgát, ha használ) és paradicsomot; főzzük 5-7 percig, vagy amíg az okra ropogós-puha nem lesz, és a paradicsom éppen kezd szétválni. Levesszük a tűzről, és ízlés szerint fűszerezzük kakukkfűvel és fekete borssal. Tálaljuk a zöldségeket snapperrel és remuládéval.

Remuládé: Egy konyhai robotgépben keverjen finomra ½ csésze apróra vágott pirospaprikát, ¼ csésze apróra vágott mogyoróhagymát és 2 evőkanál apróra vágott friss petrezselymet. Adjunk hozzá ¼ csésze Paleo Mayo-t (vörecept), ¼ csésze dijoni mustár (vörecept), 1½ teáskanál citromlé és ¼ teáskanál Cajun fűszerezés (lásdrecept). Pulse, amíg össze nem áll. Tegyük át egy tálba, és tegyük hűtőbe tálalásig. (A remulád egy nappal előre elkészíthető és lehűthető.)

TÁRKONYOS TONHAL EMPANADÁK AVOKÁDÓVAL ÉS CITROMOS ALIOLIVAL

HÁZI FELADAT:25 perc főzés: 6 perc Hozam: 4 adag<u>FÉNYKÉP</u>

A LAZAC MELLETT A TONHAL AZ EGYIKAZ EGYIK RITKA HALFAJTA, AMELY FINOMRA SZELETELHETŐ ÉS POGÁCSÁKKÁ FORMÁZHATÓ. ÜGYELJEN ARRA, HOGY NE DOLGOZZA TÚL A TONHALAT A ROBOTGÉPBEN; A TÚLZOTT FELDOLGOZÁS MEGKEMÉNYÍTI.

1 kg friss vagy fagyasztott bőr nélküli tonhal steak
1 tojásfehérje enyhén felverve
¾ csésze őrölt arany lenmagliszt
1 evőkanál apróra vágott friss tárkony vagy kapor
2 evőkanál apróra vágott friss metélőhagyma
1 teáskanál finomra reszelt citromhéj
2 evőkanál lenmagolaj, avokádóolaj vagy olívaolaj
1 közepes avokádó, kimagozva
3 evőkanál Paleo Mayo (vö<u>recept</u>)
1 teáskanál finomra reszelt citromhéj
2 teáskanál friss citromlé
1 gerezd darált fokhagyma
4 uncia bébispenót (körülbelül 4 csésze szorosan csomagolva)
⅓ csésze pörkölt fokhagymás vinaigrette (lásd<u>recept</u>)
1 Granny Smith alma, kimagozva és falatnyi darabokra vágva
¼ csésze apróra vágott pirított dió (lásd<u>dönthető</u>)

1. Olvassza fel a halat, ha fagyott. Öblítse le a halat; papírtörlővel szárítsuk meg. Vágja a halat 1,5 hüvelykes szeletekre. Helyezze a halat egy konyhai robotgépbe; impulzusos be-/kikapcsolással finomra vágjuk. (Vigyázz,

ne dolgozd túl, különben megkeményíti a hamburgert.) Hozzáadjuk a halat.

2. Egy közepes tálban keverje össze a tojásfehérjét, ¼ csésze lenmaglisztet, a tárkonyt, a metélőhagymát és a citromhéjat. Adjuk hozzá a halat; óvatosan keverjük össze. Formázz a halkeverékből négy fél hüvelyk vastag pogácsát.

3. Helyezze a maradék ½ csésze lenlisztet egy sekély edénybe. Mártsuk a pogácsákat a lenkeverékbe, majd fordítsuk meg, hogy egyenletesen bevonják.

4. Egy extra nagy serpenyőben közepes lángon hevítsük fel az olajat. Süsd a tonhalpogácsákat a forró olajban 6-8 percig, vagy amíg a pogácsákba vízszintesen behelyezett azonnali leolvasású hőmérő 160°F-ot nem mutat, és a sütési idő felénél egyszer elfordul.

5. Közben az aiolihoz egy közepes tálban villával pépesítsd az avokádót. Adjuk hozzá a Paleo Mayo-t, a citromhéjat, a citromlevet és a fokhagymát. Addig turmixoljuk, amíg jól el nem keveredik és majdnem sima lesz.

6. Helyezze a spenótot egy közepes tálba. Meglocsoljuk a spenótot sült fokhagymás vinaigrette-vel; kabátba dobni. Minden adaghoz tegyünk egy tonhalpogácsát és a spenót negyedét egy tálalótányérra. A tonhal tetejére tegyen egy kis aioli-t. A spenótot almával és dióval tálaljuk. Azonnal tálaljuk.

CSÍKOS BASSZUS TAGINE

HÁZI FELADAT: 50 perc hűtés: 1-2 óra főzés: 22 perc sütés: 25 perc hozam: 4 adag

TAGINE A NEVE EGYFAJTA ÉSZAK-AFRIKAI ÉTEL (EGY PÖRKÖLT) ÉS EGY KÚP ALAKÚ EDÉNY, AMELYBEN FŐZIK. HA NINCS, AKKOR EGY BÉLELT TŰZÁLLÓ TEPSI IS JÓL HASZNÁLHATÓ. A CHERMOULA EGY SŰRŰ ÉSZAK-AFRIKAI NÖVÉNYI MASSZA, AMELYET LEGGYAKRABBAN HALAK PÁCKÉNT HASZNÁLNAK. TÁLALJA EZT A SZÍNES HALÉTELT ÉDESBURGONYÁVAL VAGY KARFIOLPÜRÉVEL.

4 6 uncia friss vagy fagyasztott csíkos sügér vagy laposhal filé, bőrrel

1 csokor apróra vágott koriander

1 teáskanál finomra reszelt citromhéj (tartalék)

¼ csésze friss citromlé

4 evőkanál olívaolaj

5 gerezd darált fokhagyma

4 teáskanál őrölt kömény

2 teáskanál édes paprika

1 teáskanál őrölt koriander

¼ teáskanál őrölt édesítőszer

1 nagy hagyma, meghámozva, félbevágva és vékonyra szeletelve

1 15 uncia só nélkül hozzáadott kockára vágott tűzön sült paradicsom, lecsepegtetetlen

½ csésze csirke csontleves (vörecept) vagy sózatlan csirkehúsleves

Nagy sárga kaliforniai paprika, kimagozva és fél hüvelykes csíkokra vágva

Nagy narancssárga kaliforniai paprika, kimagozva és fél hüvelykes csíkokra vágva

1. Olvassza fel a halat, ha fagyott. Öblítse le a halat; papírtörlővel szárítsuk meg. Helyezze a halfilét egy sekély, nem fémes tepsibe. Ragaszd a halat.

2. A chermoulához egy kis turmixgépben vagy konyhai robotgépben keverje össze a koriandert, a citromlevet, 2

evőkanál olívaolajat, 4 gerezd darált fokhagymát, köményt, paprikát, koriandert és ánizst. Fedjük le és dolgozzuk simára.

3. Helyezze a chermoula felét a hal tetejére, fordítsa meg, hogy mindkét oldalát bevonja. Fedjük le és tegyük hűtőbe 1-2 órára. Fedjük le a maradék chermoulát; szobahőmérsékleten állni hagyjuk, amíg szükséges.

4. Melegítse elő a sütőt 325° F-ra. Egy nagy, tűzálló serpenyőben melegítse fel a maradék 2 evőkanál olajat közepesen magas lángon. Adjuk hozzá a hagymát; főzzük és keverjük 4-5 percig, vagy amíg megpuhul. Keverje hozzá a maradék 1 gerezd darált fokhagymát; főzzük és keverjük 1 percig. Adjuk hozzá a fenntartott chermoulát, a paradicsomot, a csirkehúslevest, az édes paprika csíkokat és a citromhéjat. Hagyjuk felforrni; csökkentse a hőt. Fedő nélkül pároljuk 15 percig. Ha szükséges, vigye át a keveréket egy taginbe; rátesszük a halat és az edényből visszamaradt chermoulát. Héj; 25 percig sütjük. Azonnal tálaljuk.

TENGER GYÜMÖLCSEI BOUILLABAISSE

KEZDÉSTŐL A VÉGÉIG: 1¾ ÓRA HOZAM: 4 ADAG

MINT AZ OLASZ CIOPPINO, EZ A FRANCIA TENGERI PÖRKÖLTÚGY TŰNIK, HOGY A DE PESCADO Y MARISCO AZ AZNAPI FOGÁS MINTÁJÁT KÉPVISELI EGY FAZÉKBA FOKHAGYMÁVAL, HAGYMÁVAL, PARADICSOMMAL ÉS BORRAL. A BOUILLABAISSE JELLEGZETES ÍZE AZONBAN A SÁFRÁNY, ÉDESKÖMÉNY ÉS NARANCSHÉJ ÍZÉNEK KOMBINÁCIÓJA.

- 1 font friss vagy fagyasztott bőr nélküli laposhal filé 1 hüvelykes darabokra vágva
- 4 evőkanál olívaolaj
- 2 csésze apróra vágott hagyma
- 4 gerezd fokhagyma, zúzott
- 1 fej édeskömény kimagozva és apróra vágva
- 6 db roma paradicsom apróra vágva
- ¾ csésze csirke csontleves (lásd recept) vagy sózatlan csirkehúsleves
- ¼ csésze száraz fehérbor
- 1 csésze apróra vágott hagyma
- 1 fej édeskömény kimagozva és apróra vágva
- 6 gerezd fokhagyma, felaprítva
- 1 narancs
- 3 roma paradicsom, apróra vágva
- 4 szál sáfrány
- 1 evőkanál apróra vágott friss oregánó
- 1 font kagyló, megdörzsölve és leöblítve
- 1 font kagyló, szakálla eltávolítva, megmosva és leöblítve (lásd dönthető)
- apróra vágott friss oregánó (elhagyható)

1. Olvassza fel a laposhalat, ha fagyott. Öblítse le a halat; papírtörlővel szárítsuk meg. Ragaszd a halat.

2. Egy 6-8 literes serpenyőben melegíts fel 2 evőkanál olívaolajat közepes lángon. Adjunk hozzá 2 csésze apróra

vágott hagymát, 1 fej apróra vágott édesköményt és 4 gerezd zúzott fokhagymát. Főzzük 7-9 percig, vagy amíg a hagyma megpuhul, időnként megkeverve. Adjunk hozzá 6 apróra vágott paradicsomot és 1 fej apróra vágott édesköményt; további 4 percig főzzük. Adjunk hozzá csirke csontlevest és fehérbort a fazékhoz; 5 percig forraljuk; hűtsd le egy kicsit. Tegye át a zöldségkeveréket turmixgépbe vagy konyhai robotgépbe. Fedjük le és turmixoljuk vagy dolgozzuk simára; félretesz, mellőz.

3. Ugyanabban a holland sütőben melegítse fel közepes lángon a maradék evőkanál olívaolajat. Adjunk hozzá 1 csésze apróra vágott hagymát, 1 fej finomra vágott édesköményt és 6 gerezd darált fokhagymát. Főzzük közepes lángon 5-7 percig, vagy amíg majdnem kész, gyakran kevergetve.

4. Zöldséghámozóval széles csíkokban távolítsuk el a narancs héját; félretesz, mellőz. Tegye a pürésített zöldségkeveréket, 3 apróra vágott paradicsomot, sáfrányt, oregánót és narancshéjcsíkokat a holland sütőbe. Hagyjuk felforrni; csökkentse a hőt, hogy tovább pároljon. Adjunk hozzá kagylót, kagylót és halat; lassan dobd fel, hogy a halat bevonja a szósszal. Szükség szerint állítsa be a hőt a lassú tűz fenntartásához. Fedjük le, és pároljuk 3-5 percig, amíg a kagylók és a kagylók ki nem nyílnak, és villával tesztelve a halak pelyhesednek. Sekély tálkákban tálaljuk. Ha szükséges, szórjunk meg további oregánóval.

KLASSZIKUS GARNÉLARÁK CEVICHE

HÁZI FELADAT:20 perc főzés: 2 perc hűtés: 1 óra pihentetés: 30 perc Kitermelés: 3-4 adag

EZ A LATIN-AMERIKAI ÉTEL POMPÁSÍZEK ÉS TEXTÚRÁK. ROPOGÓS UBORKÁT ÉS ZELLERT, KRÉMES AVOKÁDÓT, CSÍPŐS ÉS FŰSZERES JALAPENÓT, VALAMINT ÉDES ÉS FINOM GARNÉLARÁKOT CITROMLÉBE ÉS OLÍVAOLAJBA DOBNAK. A HAGYOMÁNYOS CEVICHE-BEN A LIME LÉBEN LÉVŐ SAV "MEGFŐZI" A GARNÉLARÁKOT, DE A FORRÁSBAN LÉVŐ VÍZBEN VALÓ GYORS MEGMÁRTÁS NEM HAGY KÍVÁNNIVALÓT MAGA UTÁN, ÉS NEM KÁROSÍTJA A GARNÉLARÁK ÍZÉT VAGY ÁLLAGÁT.

- 1 font friss vagy fagyasztott közepes garnélarák, meghámozva és kivágva, a farkát eltávolítva
- ½ uborka, meghámozva, kimagozva és felkockázva
- 1 csésze apróra vágott zeller
- ½ kis vöröshagyma, apróra vágva
- 1-2 jalapeño kimagozva és apróra vágva (lásd dönthető)
- ½ csésze friss limelé
- 2 db roma paradicsom apróra vágva
- 1 avokádó félbevágva, kimagozva, meghámozva és felkockázva
- ¼ csésze apróra vágott friss koriander
- 3 evőkanál olívaolaj
- ½ teáskanál fekete bors

1. Olvassza fel a garnélarákot, ha fagyott. Shell és dein garnélarák; távolítsa el a farkokat. Öblítse le a garnélarákot; papírtörlővel szárítsuk meg.

2. Tölts meg egy nagy serpenyőt félig vízzel. Hagyjuk felforrni. Adjuk hozzá a garnélarákot a forrásban lévő vízhez. Fedő nélkül főzzük 1-2 percig, vagy amíg a garnélarák

átlátszatlanná válik; lefolyni. Helyezze a garnélarákot hideg vízbe, és ismét csepegtesse le. A garnélarákot felszeleteljük.

3. Egy extra nagy, nem reagáló tálban keverje össze a garnélarákot, az uborkát, a zellert, a hagymát, a jalapenót és a lime levét. Fedjük le és tegyük hűtőbe egy órára, egyszer-kétszer megkeverjük.

4. Adja hozzá a paradicsomot, az avokádót, a koriandert, az olívaolajat és a fekete borsot. Fedjük le és hagyjuk állni szobahőmérsékleten 30 percig. Tálalás előtt óvatosan keverjük meg.

GARNÉLARÁK SALÁTA KÓKUSZRESZELÉKKEL ÉS SPENÓTTAL

HÁZI FELADAT: 25 perc sütés: 8 perc Kitermelés: 4 adag FÉNYKÉP

KERESKEDELMI GYÁRTÁSÚ OLÍVAOLAJOS AEROSZOLOS DOBOZOKKUKORICAALKOHOLT, LECITINT ÉS HAJTÓGÁZT TARTALMAZHAT; EZ NEM EGY NAGYSZERŰ KOMBINÁCIÓ, HA TISZTA, VALÓDI ÉTELEKET PRÓBÁL ENNI, ÉS KERÜLI A GABONÁT, AZ EGÉSZSÉGTELEN ZSÍROKAT, A HÜVELYESEKET ÉS A TEJTERMÉKEKET. AZ OLAJPORLASZTÓ CSAK LEVEGŐT HASZNÁL, HOGY AZ OLAJAT FINOM KÖDDÉ TOLJA, AMI TÖKÉLETES A KÓKUSZDIÓHÉJBAN LÉVŐ GARNÉLARÁK ENYHE BEVONÁSÁRA SÜTÉS ELŐTT.

1½ font friss vagy fagyasztott király méretű garnélarák a fél héjon

Extra szűz olívaolajjal töltött Misto porlasztó

2 tojás

¾ csésze reszelt vagy reszelt cukrozatlan kókuszdió

¾ csésze mandulaliszt

½ csésze avokádóolaj vagy olívaolaj

3 evőkanál friss citromlé

2 evőkanál friss limelé

2 gerezd fokhagyma apróra vágva

⅛-¼ teáskanál törött pirospaprika

8 csésze friss babaspenót

1 közepes avokádó félbevágva, kimagozva, meghámozva és vékonyra szeletelve

1 kis narancssárga vagy sárga édes paprika, vékony falatnyi csíkokra vágva

½ csésze apróra vágott vöröshagyma

1. Olvassza fel a garnélarákot, ha fagyott. Hámozza meg és fejtse ki a garnélát, a farkát érintetlenül hagyja. Öblítse le a garnélarákot; papírtörlővel szárítsuk meg. Melegítsük elő

a sütőt 450 °F-ra. Béleljünk ki egy nagy tepsit alufóliával; Enyhén vonja be a fóliát a Misto palackból kipermetezett olajjal; félretesz, mellőz.

2. Lapos tányéron villával felverjük a tojásokat. Egy másik lapos edényben keverjük össze a kókuszlisztet és a mandulát. A garnélarákot mártsuk bele a tojásba, és fordítsuk bevonattá. Mártsuk kókuszos keverékbe, nyomkodjuk le, hogy bevonat legyen (a farok szabadon maradjon). A garnélarákokat egy rétegben elhelyezzük az előkészített tepsiben. Kenje be a garnélarák tetejét a Misto palackból származó spray-olajjal.

3. Süssük 8-10 percig, vagy amíg a garnélarák átlátszatlan nem lesz, és a héja enyhén aranybarna lesz.

4. Közben a díszítéshez egy kis csavaros üvegben keverjük össze az avokádóolajat, a citromlevet, a lime levét, a fokhagymát és a törött pirospaprikát. Fedjük le és jól keverjük össze.

5. A salátákhoz osszuk el a spenótot négy tálra. A tetejére avokádót, kaliforniai paprikát, lilahagymát és garnélarákot teszünk. Meglocsoljuk az öntettel, és azonnal tálaljuk.

TRÓPUSI GARNÉLARÁK ÉS FÉSŰKAGYLÓ CEVICHE

HÁZI FELADAT:20 perc Pác: 30-60 perc Hozam: 4-6 adag

A FRISS ÉS KÖNNYŰ CEVICHE KIVÁLÓ ÉTELEGY MELEG NYÁRI ÉJSZAKÁRA. DINNYÉVEL, MANGÓVAL, SERRANO BORSSAL, ÉDESKÖMÉNNYEL ÉS MANGÓS-LIME ÖNTETTEL (LÁSD<u>RECEPT</u>), EZ AZ EREDETI ÉDES VÁLTOZATA.

1 font friss vagy fagyasztott kagyló

1 font friss vagy fagyasztott nagy garnélarák

2 csésze kockára vágott édes dinnye

2 közepes mangó, meghámozva, kimagozva és felkockázva (kb. 2 csésze)

1 fej édeskömény vágva, negyedelve, magházával és vékonyra szeletelve

1 közepes piros kaliforniai paprika apróra vágva (kb. ¾ csésze)

1-2 serrano chili, tetszés szerint kimagozva és vékonyra szeletelve (lásd<u>dönthető</u>)

½ csésze enyhén csomagolt friss koriander, apróra vágva

1 mangós-lime salátaöntet recept (lásd<u>recept</u>)

1. Olvassza fel a kagylót és a garnélarákot, ha fagyott. A tengeri herkentyűket vízszintesen kettévágjuk. A garnélarákot meghámozzuk, kivágjuk és vízszintesen kettévágjuk. Öblítse le a kagylót és a garnélarákot; papírtörlővel szárítsuk meg. Tölts meg egy nagy serpenyőt háromnegyedig vízzel. Hagyjuk felforrni. Adjunk hozzá garnélarákot és kagylót; főzzük 3-4 percig, vagy amíg a garnélarák és a tengeri herkentyűk átlátszatlanok nem lesznek; lecsepegtetjük és hideg víz alatt leöblítjük, hogy gyorsan kihűljön. Jól leszűrjük és pihentetjük.

2. Egy extra nagy tálban keverje össze a sárgadinnyét, a mangót, az édesköményt, a kaliforniai paprikát, a serrano

borsot és a koriandert. Adjunk hozzá mangó-lime salátaöntetet; óvatosan feldobjuk, hogy bevonja. Lassan hozzáadjuk a főtt garnélarákot és a tengeri herkentyűket. Tálalás előtt 30-60 percig hűtőben pácoljuk.

FOKHAGYMÁS GARNÉLARÁK PIRÍTOTT SPENÓTTAL ÉS RADICCHIOVAL

HÁZI FELADAT:15 perc főzés: 8 perc Hozam: 3 adag

A "SCAMPI" EGY KLASSZIKUS ÉTTERMI ÉTELRE UTALNAGY SÓZOTT VAGY GRILLEZETT GARNÉLARÁK VAJJAL ÉS SOK FOKHAGYMÁVAL ÉS CITROMMAL. EZ A FŰSZERES OLÍVAOLAJOS VÁLTOZAT PALEO-JÓVÁHAGYOTT, TÁPANYAGTARTALMA PEDIG RADICCHIO ÉS SPENÓT GYORS RÁNTÁSÁVAL VAN KIEGÉSZÍTVE.

1 font friss vagy fagyasztott nagy garnélarák
4 evőkanál extra szűz olívaolaj
6 gerezd fokhagyma, felaprítva
½ teáskanál fekete bors
¼ csésze száraz fehérbor
½ csésze friss petrezselyem csíkokra vágva
½ fej radicchio, kimagozva és vékonyra szeletelve
½ teáskanál törött pirospaprika
9 csésze bébispenót
Citrom szelet

1. Olvassza fel a garnélarákot, ha fagyott. Hámozza meg és fejtse ki a garnélát, a farkát érintetlenül hagyja. Egy nagy serpenyőben melegíts fel 2 evőkanál olívaolajat közepesen magas lángon. Adjunk hozzá garnélarákot, 4 gerezd darált fokhagymát és fekete borsot. Főzzük és keverjük körülbelül 3 percig, vagy amíg a garnélarák átlátszatlanná válik. Tegye át a garnélarák keveréket egy tálba.

2. Adjuk hozzá a fehérbort a serpenyőhöz. Főzzük, kevergetve, hogy feloldódjon a serpenyő aljáról bugyborékolt

fokhagyma. Öntsük a bort a garnélarákra; keverjük össze. Adjuk hozzá a petrezselymet. Lazán fedjük le alufóliával, hogy melegen tartsuk; félretesz, mellőz.

3. Keverjük hozzá a maradék két evőkanál olívaolajat, a maradék két gerezd darált fokhagymát, a radicchiót és a törött pirospaprikát. Főzzük és keverjük közepes lángon 3 percig, vagy amíg a radicchio el nem kezd fonnyadni. Óvatosan beleforgatjuk a spenótot; főzzük és keverjük további 1-2 percig, vagy amíg a spenót megfonnyad.

4. Tálaláshoz osszuk el a spenótos keveréket három tálalótányérra; tetejére garnélarák keveréket. Tálaljuk citromkarikákkal, hogy rácsavarjuk a garnélarákra és a zöldségekre.

RÁK SALÁTA AVOKÁDÓVAL, GRAPEFRUITTAL ÉS JICAMÁVAL

KEZDÉSTŐL A VÉGÉIG:30 perc elkészítés: 4 adag

AZ ÓRIÁS- VAGY HÁTRÁKHÚS A LEGJOBBEHHEZ A SALÁTÁHOZ. A VASKOS RÁKHÚS NAGY DARABOKBÓL KÉSZÜL, AMELYEK JÓL HASZNÁLHATÓK SALÁTÁKBAN. A BACKFIN A NAGYDARAB RÁKHÚS TÖRÖTT DARABJAINAK ÉS A RÁKTESTBŐL SZÁRMAZÓ KISEBB RÁKHÚSDARABOKNAK A KOMBINÁCIÓJA. BÁR KISEBB, MINT AZ ÓRIÁSI RÁK, A HÁTSÓ USZONY JÓL MŰKÖDIK. TERMÉSZETESEN FRISSEN A LEGJOBB, DE A FAGYASZTOTT, FELOLVASZTOTT RÁK JÓ VÁLASZTÁS.

6 csésze bébispenót

½ közepes jicama, hámozott és zsugorított *

2 rózsaszín vagy rubinvörös grapefruit, meghámozva, kimagozva és hasítva**

2 kisebb avokádó, félbevágva

1 kiló darabos vagy hátsó rákhús

Bazsalikom grapefruit öntet (lásd a receptet, jobbra)

1. Osszuk el a spenótot négy tálra. A tetejére tedd a jicama-t, a grapefruitszeleteket és a felgyülemlett lé, az avokádó és a rákhús. Meglocsoljuk bazsalikomos-grapefruit öntettel.

Bazsalikom grapefruit öntet: Egy csavaros fedelű tégelyben keverjen össze ⅓ csésze extra szűz olívaolajat; ¼ csésze friss grapefruitlé; 2 evőkanál friss narancslé; ½ kis mogyoróhagyma, apróra vágva; 2 evőkanál finomra vágott friss bazsalikom; ¼ teáskanál törött pirospaprika; és ¼ teáskanál fekete bors. Fedjük le és jól keverjük össze.

* Tipp: A julienne hámozó segítségével gyorsan vágja vékony csíkokra a jicamát.

** Tipp: A grapefruit felosztásához vágjon le egy részt a szár végéről és a gyümölcs aljáról. Helyezze függőlegesen egy munkafelületre. Vágja fel a gyümölcsöt szeletekre, felülről lefelé, a gyümölcs kerek alakját követve, hogy csíkokra távolítsa el a bőrt. Tartsa a gyümölcsöt egy tálban, és egy késsel vágja le a gyümölcs közepét az egyes szeletek oldalai mentén, hogy kiszabadítsa a magból. Tegye a szeleteket egy tálba, ahol a felgyülemlett lé található. Dobja el a csontvelőt.

CAJUN PÁROLT HOMÁRFAROK TÁRKONYOS AIOLIVAL

HÁZI FELADAT:20 perc főzés: 30 perc hozam: 4 adagFÉNYKÉP

EGY ROMANTIKUS VACSORÁHOZ KÉT FŐRE,EZ A RECEPT KÖNNYEN KETTÉVÁGHATÓ. NAGYON ÉLES KONYHAI OLLÓVAL VÁGJA LE A HÉJAT A HOMÁR FARKÁRÓL, ÍGY GAZDAG ÍZŰ HÚST KAP.

2 recept a Cajun fűszerezéshez (lásdrecept)

12 gerezd fokhagyma, meghámozva és félbevágva

2 citrom félbevágva

2 nagy sárgarépa, meghámozva

2 zellerszár, meghámozva

2 édesköményhagyma, vékonyra szeletelve

1 kiló egész gomba

4 Maine homár farok, 7-8 uncia

4 db 8 hüvelykes bambusz nyárs

½ csésze Paleo Aïoli (fokhagymás majonéz) (vörecept)

¼ csésze dijoni mustár (vörecept)

2 evőkanál friss tárkony vagy petrezselyem csíkokra vágva

1. Egy 8 literes serpenyőben keverj össze 6 csésze vizet, Cajun fűszert, fokhagymát és citromot. Hagyjuk felforrni; forraljuk 5 percig. Csökkentse a hőt, hogy a folyadék lassú tűzön maradjon.

2. A sárgarépát és a zellert négy részre vágjuk. Adjunk hozzá sárgarépát, zellert és édesköményt a folyadékhoz. Fedjük le és főzzük 10 percig. Adjunk hozzá gombát; lefedjük és 5 percig főzzük. Egy lyukas kanál segítségével tegyük át a zöldségeket egy tálba; tartsd melegen

3. Minden homárfark testének végétől kezdve csúsztasson egy nyársat a hús és a héj közé, majdnem a végéig. (Ez megakadályozza, hogy a farok meghajoljon sütés közben.) Csökkentse a hőt. Főzzük a homárfarkokat a forrásban lévő folyadékban egy edényben 8-12 percig, vagy amíg a héja élénkpiros lesz, és a hús megpuhul, ha villával megszúrjuk. Vegye ki a homárt a főzőfolyadékból. Egy konyharuhával tartsa össze a homár farkát, majd távolítsa el és dobja ki a nyársakat.

4. Egy kis tálban keverjük össze a paleo aliolit, a dijoni mustárt és a tárkonyt. Tálaljuk homárral és zöldségekkel.

RANTOTT KAGYLO SAFRANYOS AIOLIVAL

KEZDESTOL A VEGEIG: 1¼ ORA HOZAM: 4 ADAG

EZ A FRANCIA KLASSZIKUS PALEO VALTOZATAFEHERBORBAN ES FUSZERNÖVENYEKBEN PAROLT KAGYLO, VEKONY ES ROPOGOS FEHER BURGONYA CHIPSEKKEL. A FOZES ELOTT NEM ZARODO KAGYLOKAT ES A FOZES UTAN NEM NYILO KAGYLOKAT DOBJA KI.

PASZTERNAK KRUMPLI
1½ font paszternák, meghámozva és 3 × ¼ hüvelykes julienne-re vágva
3 evőkanál olívaolaj
2 gerezd darált fokhagyma
¼ teáskanál fekete bors
⅛ teáskanál cayenne bors

SAFRANYOS AIOLI
⅓ csésze Paleo Alioli (fokhagymás majonéz) (vörecept)
⅛ teáskanál sáfrányszál, finoman összetörve

A KAGYLOKAT
4 evőkanál olívaolaj
½ csésze finomra vágott medvehagyma
6 gerezd fokhagyma, felaprítva
¼ teáskanál fekete bors
3 pohár száraz fehérbor
3 nagy ág lapos petrezselyem
4 kiló kagyló megtisztítva és kifejtve*
¼ csésze apróra vágott friss olasz petrezselyem (lapos levél)
2 evőkanál apróra vágott friss tárkony (elhagyható)

1. A paszternák krumplihoz melegítse elő a sütőt 450° F. Áztassa be a vágott paszternákokat annyi hideg vízbe, hogy ellepje a hűtőszekrényben 30 percre; leszűrjük és papírtörlővel szárítjuk.

2. Egy nagy tepsit kibélelünk sütőpapírral. Helyezze a paszternákokat egy extra nagy tálba. Egy kis tálban keverj össze 3 evőkanál olívaolajat, 2 gerezd darált fokhagymát, ¼ teáskanál fekete borsot és cayenne borsot; megszórjuk paszternákkal, és bevonjuk. A paszternákokat egyenletes rétegben elhelyezzük az előkészített tepsiben. Süssük 30-35 percig vagy puhára, és csak éppen kezd barnulni, időnként megkeverve.

3. Az aiolihoz egy kis tálban keverjük össze a Paleo aiolit és a sáfrányt. Lefedve hűtőbe tesszük tálalásig.

4. Közben egy 6-8 literes serpenyőben vagy holland sütőben melegíts fel 4 evőkanál olívaolajat közepes lángon. Adjunk hozzá medvehagymát, 6 gerezd fokhagymát és ¼ teáskanál fekete borsot; főzzük körülbelül 2 percig, vagy amíg puha és fonnyad, gyakran keverjük meg.

5. Adja hozzá a bort és a petrezselyem ágakat az edénybe; hagyjuk felforrni. Adjuk hozzá a kagylót, keverjük meg néhányszor. Fedje le szorosan, és párolja 3-5 percig, vagy amíg a héj éppen kinyílik, kétszer óvatosan keverve. A nem nyíló kagylókat dobja ki.

6. Egy nagy lyukas kanál segítségével tegyük át a kagylókat sekély leveses tányérokra. Távolítsa el és dobja ki a petrezselyem ágakat a főzőfolyadékból; Merőkanál főzőfolyadékot kagyló fölé. Megszórjuk apróra vágott

petrezselyemmel, és tetszés szerint tárkonnyal. Azonnal tálaljuk paszternák chipsekkel és sáfrányos aiolival.

* Tipp: Főzd meg a kagylókat a vásárlás napján. Ha vadon termett kagylókat használ, áztassa 20 percre egy tál hideg vízbe, hogy segítsen eltávolítani a homokot és a szemcsét. (Ez nem szükséges a gazdaságban nevelt kagyló esetében.) Merev kefével dörzsölje át a kagylókat egyenként, hideg folyóvíz alatt. A mustáros kagyló körülbelül 10-15 perccel a főzés előtt. A szakáll a héjból kilépő rostok kis csoportja. A szakáll eltávolításához fogja meg a hüvelyk- és mutatóujja közötti zsinórt, és húzza a csuklópánt felé. (Ez a módszer nem öli meg a kagylót.) Használhat fogót vagy halfogót is. Győződjön meg arról, hogy minden kagyló héja szorosan zárva van. Ha vannak nyitott héjak, finoman ütögesse őket a pultra. Dobja ki azokat a kagylókat, amelyek nem záródnak be néhány percen belül.

SÜLT KAGYLO CEKLA SZOSSZAL

KEZDESTOL A VEGEIG:30 perc elkészítés: 4 adag FENYKEP

A GYÖNYÖRU ARANY KEREGERT,GYOZODJÖN MEG ROLA, HOGY A TENGERI HERKENTYUK FELÜLETE VALOBAN SZARAZ, ES A SERPENYO FORRO, MIELOTT HOZZAADJA OKET A SERPENYOHÖZ. EZENKIVÜL HAGYJA A TENGERI HERKENTYUKET ZAVARTALANUL 2-3 PERCIG, ES ALAPOSAN ELLENORIZZE, MIELOTT MEGFORDITANA.

1 font friss vagy fagyasztott kagyló, papírtörlővel szárítsa meg

3 közepes cékla, meghámozva és feldarabolva

½ Granny Smith alma, meghámozva és felkockázva

2 jalapeño, kicsumázva, kimagozva és apróra vágva (lásd dönthető)

¼ csésze apróra vágott friss koriander

2 evőkanál apróra vágott vöröshagyma

4 evőkanál olívaolaj

2 evőkanál friss limelé

fehér bors

1. Olvassza fel a kagylót, ha fagyott.

2. A répaöntethez egy közepes tálban keverje össze a céklát, az almát, a jalapenót, a koriandert, a hagymát, 2 evőkanál olívaolajat és a lime levét. Jól összekeverni. Tegye félre, amíg elkészíti a kagylót.

3. Öblítse le a kagylókat; papírtörlővel szárítsuk meg. Egy nagy serpenyőben melegítse fel a maradék 2 evőkanál olívaolajat közepesen magas lángon. Adjuk hozzá a kagylót; pároljuk 4-6 percig, vagy amíg a külseje aranybarna és kissé átlátszatlan lesz. A tengeri herkentyűket enyhén megszórjuk fehérborssal.

4. Tálaláskor a céklaszószt egyenletesen elosztjuk a tálalótányérok között; tetejére kagyló. Azonnal tálaljuk.

GRILLEZETT FÉSŰKAGYLÓ UBORKÁS KAPROS SZÓSSZAL

HÁZI FELADAT:35 perc hideg: 1-24 óra grillezés: 9 perc hozam: 4 adag

ÍME EGY TIPP A LEGTÖKÉLETESEBB AVOKÁDÓ ELKÉSZÍTÉSÉHEZ:AKKOR VEGYÜK MEG, AMIKOR MÁR ÉLÉNKZÖLDEK ÉS KEMÉNYEK, MAJD HAGYJUK PÁR NAPIG A PULTON ÉRNI, AMÍG AZ UJJUNKKAL ENYHÉN MEGNYOMVA ADNAK EGY KICSIT. HA KEMÉNYEK ÉS ÉRETLENEK, NEM SÉRÜLNEK MEG A PIACON TÖRTÉNŐ SZÁLLÍTÁS SORÁN.

12-16 friss vagy fagyasztott kagyló (összesen 1¼-1¾ font)

¼ csésze olívaolaj

4 gerezd fokhagyma, felaprítva

1 teáskanál frissen őrölt fekete bors

2 közepes cukkini, szeletelve és hosszában félbevágva

½ közepes uborka, hosszában félbevágva és keresztben vékonyra szeletelve

1 közepes avokádó félbevágva, kimagozva, meghámozva és felkockázva

1 közepes paradicsom kimagozva, kimagozva és apróra vágva

2 teáskanál apróra vágott friss menta

1 teáskanál apróra vágott friss kapor

1. Olvassza fel a kagylót, ha fagyott. Öblítse le a kagylót hideg víz alatt; papírtörlővel szárítsuk meg. Egy nagy tálban keverj össze 3 evőkanál olajat, fokhagymát és ¾ teáskanál borsot. Adjuk hozzá a kagylót; óvatosan feldobjuk, hogy bevonja. Fedjük le, és tegyük hűtőszekrénybe legalább 1 órára, vagy legfeljebb 24 órára, időnként megkeverve.

2. A cukkini felét megkenjük a maradék evőkanál olajjal; egyenletesen megszórjuk a maradék ¼ teáskanál borssal.

3. A tengeri herkentyűket lecsepegtetjük, a pácot kiöntjük. Szúrjon át két 10-12 hüvelykes nyársat minden egyes fésűkagylón, nyárspáronként 3-4 kagylót használva, és hagyjon ½ hüvelykes rést a fésűkagylók között. * (A tengeri herkentyűket két nyársra csavarja, hogy szeleteléskor és forgatáskor stabilan tartsa őket.)

4. Faszén- vagy gázsütőnél a fésűkagyló-nyársakat és a cukkini feleket közepes lángon közvetlenül a grillre helyezzük. ** Fedjük le, és addig főzzük, amíg a tengeri herkentyűk átlátszatlanok, a cukkini pedig megpuhul, a grill felénél megfordítjuk. Hagyjon 6-8 percet a tengeri herkentyűhöz és 9-11 percet a cukkinihez.

5. Eközben a szószhoz egy közepes tálban keverjük össze az uborkát, az avokádót, a paradicsomot, a mentát és a kaprot. Óvatosan keverjük össze. Helyezzen el egy-egy fésűkagyló nyársat mind a négy tálalótányéron. Az átlós cukkiniféléket keresztben kettévágjuk, és a tengeri herkentyűkkel együtt az edényekhez adjuk. Az uborkás keveréket egyenletesen öntsük a tengeri herkentyűkre.

* Tipp: Ha fa nyársat használ, áztassa be őket annyi vízbe, hogy ellepje 30 percre használat előtt.

** Grillezés: Készítse elő a 3. lépésben leírtak szerint. Helyezze a fésűkagyló nyársat és a cukkini felét egy nem fűtött grillrácsra. Grill 4-5 hüvelyk hőtől, amíg a tengeri herkentyűk átlátszatlanok és a cukkini megpuhulnak, majd a főzés felénél megfordítjuk. Hagyjon 6-8 percet a tengeri herkentyűkre és 10-12 percet a cukkinire.

GRILLEZETT KAGYLÓ PARADICSOMMAL, OLÍVAOLAJJAL ÉS NÖVÉNYI SZÓSSZAL

HÁZI FELADAT:20 perc főzési idő: 4 perc hozam: 4 adag

A SZÓSZ MAJDNEM OLYAN, MINT EGY MELEG VINAIGRETTE.AZ OLÍVAOLAJAT, A FRISS KOCKÁRA VÁGOTT PARADICSOMOT, A CITROMLEVET ÉS A FŰSZERNÖVÉNYEKET ÖSSZEKEVERJÜK ÉS NAGYON LASSAN MELEGÍTJÜK, CSAK ANNYIRA, HOGY AZ ÍZEK ÖSSZEÉRJENEK, MAJD SÜLT TENGERI HERKENTYŰKKEL ÉS ROPOGÓS NAPRAFORGÓCSÍRA SALÁTÁVAL TÁLALJUK.

FÉSŰKAGYLÓ ÉS SZÓSZ

1-1,5 font nagy kagyló, frissen vagy fagyasztva (körülbelül 12)

2 nagy roma paradicsom meghámozva, *kimagozva és apróra vágva

½ csésze olívaolaj

2 evőkanál friss citromlé

2 evőkanál apróra vágott friss bazsalikom

1-2 teáskanál finomra vágott metélőhagyma

1 evőkanál olívaolaj

SALÁTA

4 csésze napraforgócsíra

1 citrom szeletekre vágva

Extra szűz olívaolaj

1. Olvassza fel a kagylót, ha fagyott. Öblítse le a kagylót; Tudom Félretesz, mellőz.

2. A szószhoz egy kis serpenyőben keverje össze a paradicsomot, ½ csésze olívaolajat, citromlevet, bazsalikomot és metélőhagymát; félretesz, mellőz.

3. Egy nagy serpenyőben melegíts fel 1 evőkanál olívaolajat közepesen magas lángon. Adjuk hozzá a kagylót; főzzük 4-5 percig, vagy amíg aranybarnára és átlátszatlan nem lesz, a főzés felénél egyszer fordítsuk meg.

4. A salátához a csírákat tálalótálba tesszük. A csírákra nyomkodjuk a citromkarikákat, és meglocsoljuk kevés olívaolajjal. Összehasonlításhoz keverjük össze.

5. Melegítse a szószt alacsony lángon, amíg meleg; ne forrald fel Tálaláskor a szósz egy részét kanalazzuk a tányér közepére; tetejére 3 tengeri herkentyűt. Csíra salátával tálaljuk.

* Tipp: A paradicsom könnyű hámozásához tedd egy fazék forrásban lévő vízbe 30 másodperctől egy percig, vagy amíg a héja el nem kezd hasadni. Vegyük ki a paradicsomot a forrásban lévő vízből, és azonnal tegyük egy tál jeges vízbe, hogy leállítsuk a főzési folyamatot. Amikor a paradicsom elég kihűlt ahhoz, hogy kezelni tudja, távolítsa el a bőrét.

KÖMÉNYES SÜLT KARFIOL ÉDESKÖMÉNYSEL ÉS GYÖNGYHAGYMÁVAL

HÁZI FELADAT:15 perc főzés: 25 perc hozam: 4 adag FÉNYKÉP

VAN VALAMI KÜLÖNÖSEN CSÁBÍTÓ A SÜLT KARFIOL ÉS A KÖMÉNY PIRÍTÓS, FÖLDES ÍZÉNEK KOMBINÁCIÓJÁRÓL. EZ AZ ÉTEL HOZZÁADOTT ÉDESSÉGET TARTALMAZ A SZÁRÍTOTT EGRESBŐL. HA SZERETI, A 2. LÉPÉSBEN ¼-½ TEÁSKANÁL TÖRÖTT PIROSPAPRIKÁVAL, VALAMINT A KÖMÉNNYEL ÉS A RIBIZLIVEL EGY KIS MELEGÍTÉST ADHAT HOZZÁ.

3 evőkanál finomítatlan kókuszolaj

1 közepes fej karfiol rózsákra vágva (4-5 csésze)

2 fej édeskömény durvára vágva

1½ csésze fagyasztott gyöngyhagyma, felengedve és lecsepegtetve

¼ csésze szárított egres

2 teáskanál őrölt kömény

apróra vágott friss kapor (elhagyható)

1. Egy extra nagy serpenyőben közepes lángon hevítsük fel a kókuszolajat. Adjuk hozzá a karfiolt, az édeskömény és a gyöngyhagymát. Lefedve 15 percig főzzük, időnként megkeverve.

2. Csökkentse a hőt közepes-alacsonyra. Adja hozzá a ribizlit és a köményt a serpenyőbe; főzzük, fedő nélkül, körülbelül 10 percig, vagy amíg a karfiol és az édeskömény puha és aranybarna nem lesz. Kívánt esetben kaporral díszítjük.

VASKOS PARADICSOMOS ÉS PADLIZSÁN SZÓSZ SPAGETTITÖKKEL

HÁZI FELADAT:30 perc főzés: 50 perc hűtés: 10 perc főzés: 10 perc készítés: 4 adag

EZ A FŰSZERES KÖRET KÖNNYEN MEGFORDÍTHATÓ.FŐÉTELBEN. ADJON HOZZÁ KÖRÜLBELÜL EGY KILÓ DARÁLT MARHAHÚST VAGY FŐTT BÖLÉNYT A PADLIZSÁN-PARADICSOM KEVERÉKHEZ, MIUTÁN ENYHÉN ÁTTÖRTE BURGONYANYOMÓVAL.

1 spagettitök, 2-2½ font

2 evőkanál olívaolaj

1 csésze padlizsán, meghámozva és apróra vágva

¾ csésze apróra vágott hagyma

1 kis piros kaliforniai paprika apróra vágva (½ csésze)

4 gerezd fokhagyma, felaprítva

4 közepes érett piros paradicsom, tetszés szerint meghámozva és durvára vágva (kb. 2 csésze)

½ csésze apróra vágott friss bazsalikom

1. Melegítse elő a sütőt 375° F-ra. Béleljen ki egy kis tepsit sütőpapírral. Vágja félbe a spagetti tököt a vonal mentén. Egy nagy kanál segítségével kaparjuk ki a magokat és a szálat. Helyezze a tök felét vágott oldalukkal lefelé az előkészített sütőlapra. Süssük fedő nélkül 50-60 percig, vagy amíg a tök megpuhul. Rácson hagyjuk hűlni körülbelül 10 percig.

2. Közben egy nagy serpenyőben közepes lángon felforrósítjuk az olívaolajat. Adjuk hozzá a hagymát, a padlizsánt és a kaliforniai paprikát; főzzük 5-7 percig, vagy amíg a zöldségek megpuhulnak, időnként megkeverve. Adjuk

hozzá a fokhagymát; főzzük és keverjük további 30 másodpercig. Adjuk hozzá a paradicsomot; főzzük 3-5 percig, vagy amíg a paradicsom megpuhul, időnként megkeverve. Burgonyanyomóval enyhén pépesítjük a keveréket. Adjuk hozzá a bazsalikom felét. Fedjük le és főzzük 2 percig.

3. Használjon tartót vagy törülközőt a tökfelek tartásához. Villával kaparjuk ki a sütőtök húsát egy közepes tálba. Osszuk el a tököt négy tálra. Egyenletesen megkenjük a szósszal. Megszórjuk a maradék bazsalikommal.

TÖLTÖTT PORTOBELLO GOMBA

HÁZI FELADAT: 35 perc sütés: 20 perc főzés: 7 perc hozam: 4 adag

A LEGFRISSEBB PORTOBELLOHOZ KERESSE MEG AZOKAT A GOMBÁKAT, AMELYEKNEK A SZÁRA MÉG SÉRTETLEN. A KOPOLTYÚNAK NEDVESNEK KELL LENNIE, DE NEM NEDVESNEK VAGY FEKETÉNEK KELL LENNIE, ÉS JÓ HÉZAGOK LEGYENEK KÖZÖTTÜK. BÁRMILYEN GOMBA ELKÉSZÍTÉSÉHEZ ENYHÉN NEDVES PAPÍRTÖRLŐVEL TÖRÖLJE LE. SOHA NE TEGYE A GOMBÁT VÍZ ALÁ, ÉS NE MERÍTSE VÍZBE; NAGYON NEDVSZÍVÓAK, PUHÁK ÉS NEDVESEK LESZNEK A VÍZZEL.

4 nagy portobello gomba (összesen körülbelül egy kiló)
¼ csésze olívaolaj
1 evőkanál füstölt fűszerezés (lásd recept)
2 evőkanál olívaolaj
½ csésze apróra vágott medvehagyma
1 evőkanál darált fokhagyma
1 font svájci mángold, szárral és apróra vágva (kb. 10 csésze)
2 teáskanál mediterrán fűszer (lásd recept)
½ csésze apróra vágott retek

1. Melegítse elő a sütőt 400° F. Távolítsa el a gombák szárát, és tartsa a 2. lépéshez. Egy kanál végével kaparja le a kopoltyúkat a kalapokról; dobd el a kopoltyúkat. Helyezze a gomba sapkákat egy 3 literes téglalap alakú tepsibe; kenjük meg a gombák mindkét oldalát ¼ csésze olívaolajjal. Forgassuk meg a gomba sapkáját úgy, hogy a szár oldala felfelé nézzen, szórjuk meg a füstfűszerekkel. Fedjük le a tepsit alufóliával. Süssük lefedve körülbelül 20 percig, vagy amíg megpuhul.

2. Közben vágja le a fenntartott gomba szárát; félretesz, mellőz. A mángold elkészítéséhez távolítsa el a vastag bordákat a levelekről, és dobja ki. A mángold leveleket nagy darabokra vágjuk.

3. Egy extra nagy serpenyőben közepes lángon hevíts fel 2 evőkanál olívaolajat. Adjuk hozzá a medvehagymát és a fokhagymát; főzzük és keverjük 30 másodpercig. Hozzáadjuk az apróra vágott gombaszárat, a felaprított mángoldot és a mediterrán fűszereket. Fedő nélkül főzzük 6-8 percig, vagy amíg a mangold megpuhul, időnként megkeverve.

4. Osszuk el a mángold keveréket a gomba kalapok között. A tepsiben maradt folyadékot a töltött gombára csorgatjuk. A tetejére apróra vágott retket teszünk.

SÜLT RADICCHIO

HÁZI FELADAT: 20 perc főzés: 15 perc hozam: 4 adag

A RADICCHIÓT SOKSZOR ESZIKSALÁTA RÉSZEKÉNT, HOGY KELLEMES KESERŰSÉGET BIZTOSÍTSON A VEGYES ZÖLDSÉGEK KÖZÉ, DE ÖNÁLLÓAN IS SÜTHETŐ VAGY GRILLEZHETŐ. EGY ENYHE KESERŰSÉG VELEJÁRÓJA A RADICCHIONAK, DE NEM AKAROD, HOGY TÚLSÁGOSAN ELHATALMASODJON. KERESSEN KISEBB RÜGYEKET, AMELYEK LEVELEI FRISSEK ÉS ROPOGÓSAK, NEM FONNYADTAK. A VÁGOTT VÉGE KISSÉ BARNA LEHET, DE TÖBBNYIRE FEHÉRNEK KELL LENNIE. EBBEN A RECEPTBEN EGY CSEPP BALZSAMECET TÁLALÁS ELŐTT EGY KIS ÉDESSÉGET AD HOZZÁ.

2 nagy fej pitypang

¼ csésze olívaolaj

1 teáskanál mediterrán fűszerezés (lásd recept)

¼ csésze balzsamecet

1. Melegítse elő a sütőt 400 °F-ra. Vágja a radicchiot negyedekre, hagyja a mag egy részét (8 éknek kell lennie). A radicchio szeletek vágott oldalát megkenjük olívaolajjal. Vágott oldalukkal lefelé ékeket helyezünk egy sütőlapra; megszórjuk mediterrán fűszerekkel.

2. Süssük kb. 15 percig, vagy amíg a radicchio megfonnyad, a sütés felénél egyszer fordítsuk meg. A radicchiót tálaló tányérra rendezzük. Meglocsoljuk balzsamecettel; azonnal tálaljuk.

SÜLT ÉDESKÖMÉNY NARANCSSÁRGA VINAIGRETTE-VEL

HÁZI FELADAT:25 perc pörkölés: 25 perc hozam: 4 adag

A MEGMARADT VINAIGRETTET ŐRIZZE MEG, HOGY ELDOBJAZÖLDSALÁTÁVAL, VAGY GRILLEZETT SERTÉS-, SZÁRNYAS- VAGY HALLAL TÁLALJUK. TÁROLJA A MARADÉK VINAIGRETTET SZOROSAN LEFEDETT TARTÁLYBAN HŰTŐSZEKRÉNYBEN LEGFELJEBB 3 NAPIG.

6 evőkanál extra szűz olívaolaj, plusz még több fogmosáshoz

1 nagy édesköményhagyma, megvágva, kimagozva és szeletekre vágva (a leveleket a díszítéshez tartsuk meg, ha szükséges)

1 vöröshagyma, karikákra vágva

½ narancs, vékony szeletekre vágva

½ csésze narancslé

2 evőkanál fehérborecet vagy pezsgőecet

2 evőkanál alma

1 teáskanál őrölt édesköménymag

1 teáskanál finomra reszelt narancshéj

½ teáskanál dijoni mustár (vörecept)

Fekete bors

1. Melegítse elő a sütőt 425° F. Egy nagy tepsit enyhén kenjen meg olívaolajjal. Rendezzük el az édesköményc, hagymaés narancsszeleteket a sütőlapon; meglocsoljuk 2 evőkanál olívaolajjal. Óvatosan dobd rá a zöldségeket, hogy bevonja őket az olajba.

2. Grillezze a zöldségeket 25-30 percig, vagy amíg a zöldségek megpuhulnak és enyhén megpirulnak, majd a grillezés felénél megfordítjuk.

3. Közben a narancssárga vinaigrette-hez turmixgépben keverje össze a narancslevet, az ecetet, az almabort, az édesköménymagot, a narancshéjat, a dijoni mustárt és ízlés szerint borsot. Járó turmixgép mellett lassan, vékony sugárban adjuk hozzá a maradék 4 evőkanál olívaolajat. Folytassa a keverést, amíg a vinaigrette besűrűsödik.

4. Tegye át a zöldségeket egy tálaló tányérra. A zöldségeket meglocsoljuk egy kis vinaigrette-vel. Kívánt esetben a fenntartott édeskömény ágakkal díszítjük.

PANDZSÁBI STÍLUSÚ SAVOY KÁPOSZTA

HÁZI FELADAT:20 perc főzés: 25 perc hozam: 4 adagFÉNYKÉP

ELKÉPESZTŐ, AMI TÖRTÉNIKEGY SZERÉNY KÁPOSZTÁHOZ, AMELY GYÖMBÉRREL, FOKHAGYMÁVAL, CHILIVEL ÉS INDIAI FŰSZEREKKEL FŐZVE ENYHE ÍZŰ. A PÖRKÖLT MUSTÁR, A KORIANDER ÉS A KÖMÉNYMAG ÍZT ÉS ROPOGÓSSÁGOT KÖLCSÖNÖZ ENNEK AZ ÉTELNEK. VIGYÁZAT: MELEG VAN! A MADÁRCSŐRŰ CHILI KICSI, DE NAGYON ERŐS, ÉS AZ ÉTELHEZ JALAPENO IS TARTOZIK. HA KEVÉSBÉ FŰSZERESRE VÁGYIK, CSAK HASZNÁLJA A JALAPENÓT.

1 2 hüvelykes gombóc friss gyömbér, meghámozva és ½ hüvelykes szeletekre vágva

5 gerezd fokhagyma

1 nagy jalapeno szárral, kimagozva és felezve (lásddönthető)

2 teáskanál garam masala hozzáadott só nélkül

1 teáskanál őrölt kurkuma

½ csésze csirke csontleves (vörecept) vagy sózatlan csirkehúsleves

3 evőkanál finomított kókuszolaj

1 evőkanál fekete mustármag

1 teáskanál koriandermag

1 teáskanál köménymag

1 chili teli madárcsőrrel (chile de arbol) (vödönthető)

1 db 3 hüvelykes fahéjrúd

2 csésze vékonyra szeletelt sárgahagyma (kb. 2 közepes)

12 csésze káposzta kimagozva, vékonyra szeletelve (kb. 1½ font)

½ csésze apróra vágott friss koriander (elhagyható)

1. Aprítógépben vagy turmixgépben keverje össze a gyömbért, a fokhagymát, a jalapenót, a garam masala-t, a kurkumát

és a ¼ csésze csirkecsontlevest. Fedjük le és dolgozzuk fel vagy turmixoljuk simára; félretesz, mellőz.

2. Egy extra nagy serpenyőben keverje össze a kókuszolajat, a mustármagot, a koriandermagot, a köménymagot, a chili paprikát és a fahéjat. Közepes-magas lángon, a serpenyő gyakori megkeverésével főzzük 2-3 percig, vagy amíg a fahéjrúd éppen ki nem pattan (vigyázat, a mustármagok felpattannak és felpattannak főzés közben). Adjunk hozzá hagymát; főzzük és keverjük 5-6 percig, vagy amíg a hagyma enyhén megpirul. Adjuk hozzá a gyömbér keveréket. Főzzük 6-8 percig, vagy amíg a keverék jól karamellizálódik, gyakran kevergetve.

3. Adjuk hozzá a káposztát és a többi csirkehúslevest; jól keverjük össze. Fedjük le és főzzük körülbelül 15 percig, vagy amíg a káposzta megpuhul, kétszer keverjük meg. Nyissa ki a serpenyőt. Főzzük és keverjük 6-7 percig, vagy amíg a káposzta enyhén megpirul, és a felesleges csirkehúsleves elpárolog.

4. Távolítsa el és dobja ki a fahéjat és a chilit. Kívánt esetben megszórjuk korianderrel.

FAHÉJAS SÜLT VAJAS TÖK

HÁZI FELADAT:20 perc pörkölés: 30 perc Hozam: 4-6 adag

EGY CSIPET CAYENNE BORSCSAK EGY CSIPETNYI MELEGET ADVA EZEKNEK AZ ÉDES KOCKÁS SÜLT TÖKNEK. KÖNNYŰ KIHAGYNI, HA ÚGY TETSZIK. EZT AZ EGYSZERŰ KÖRETET SERTÉSSÜLTTEL VAGY SERTÉSKARAJJAL TÁLALJUK.

1 vajtök (kb. 2 font), meghámozva, kimagozva és ¾ hüvelykes kockákra vágva
2 evőkanál olívaolaj
½ teáskanál őrölt barna
¼ teáskanál fekete bors
⅛ teáskanál cayenne bors

1. Melegítse elő a sütőt 400° F-ra. Egy nagy tálban dobja meg a tököt az olívaolajjal, fahéjjal, fekete borssal és cayenne borssal. Egy nagy tepsit kibélelünk sütőpapírral. A sütőtököt egy rétegben terítsük el a tepsiben.

2. Grillezzön 30-35 percig, vagy amíg a tök szilárd és aranyszínű a széle körül, egyszer-kétszer megkeverve.

GRILLEZETT SPÁRGA BUGGYANTOTT TOJÁSSAL ÉS DIÓVAL

KEZDÉSTŐL A VÉGÉIG:15 perc: 4 adag

EZ EGY KLASSZIKUS VÁLTOZATAA SPÁRGA MIMÓZÁNAK NEVEZETT FRANCIA FŐZELÉK, MERT AZ ELKÉSZÜLT ÉTEL ZÖLD, FEHÉR ÉS SÁRGA SZÍNE EGY AZONOS NEVŰ VIRÁGRA EMLÉKEZTET.

1 kiló friss spárga, apróra vágva
5 evőkanál pörkölt fokhagymás vinaigrette (lásd recept)
1 kemény tojás, meghámozva
3 evőkanál darált dió, pirítva (lásd dönthető)
frissen őrölt fekete bors

1. Helyezzen egy sütőrácsot 4 hüvelykre a fűtőelemtől; előmelegítjük a brojlert magas lángon.

2. A spárgát tepsire terítjük. Meglocsoljuk 2 evőkanál sült fokhagymás vinaigrette-vel. Kezével forgassa meg a spárgát, hogy bevonja a vinaigrettet. Grillezzön 3-5 percig, vagy amíg puha és puha nem lesz, percenként forgatva a spárgát. Tegyük át egy tálaló tányérra.

3. Vágja félbe a tojást; a tojást szitán átnyomkodjuk a spárgára. (A tojást lereszelhetjük egy dobozos reszelő nagy lyukú segítségével is.) A spárgát és a tojást meglocsoljuk a maradék 3 evőkanál sült fokhagymás vinaigrettevel. A tetejét megszórjuk dióval és megszórjuk borssal.

ROPOGÓS SALÁTA RETEKKEL, MANGÓVAL ÉS MENTÁVAL

KEZDÉSTŐL A VÉGÉIG: 20 perces elkészítési idő: 6 adag FÉNYKÉP

3 evőkanál friss citromlé
¼ teáskanál cayenne bors
¼ teáskanál őrölt kömény
¼ csésze olívaolaj
4 csésze reszelt káposzta
1½ csésze nagyon vékonyra szeletelt retek
1 csésze apróra vágott érett mangó
½ csésze félrevágott metélőhagyma
⅓ csésze apróra vágott friss menta

1. A körethez egy nagy tálban keverjük össze a citromlevet, a cayenne borsot és az őrölt köményt. Vékony sugárban adjuk hozzá az olívaolajat.

2. Adjunk hozzá káposztát, retket, mangót, mogyoróhagymát és mentát az öntethez egy tálban. Keverjük jól össze.

CITROMOS ÉDES SÜLT KÁPOSZTA

HÁZI FELADAT: 10 perc pörkölés: 30 perc Hozam: 4-6 adag

3 evőkanál olívaolaj
1 közepes káposzta, 1 hüvelyk vastag szeletekre vágva
2 teáskanál dijoni mustár (lásd recept)
1 teáskanál finomra reszelt citromhéj
¼ teáskanál fekete bors
1 teáskanál köménymag
Citrom szelet

1. Melegítse elő a sütőt 400 °F-ra. Kenjen meg egy nagy peremű tepsit 1 evőkanál olívaolajjal. A káposzta köröket egy sütőlapra rendezzük; félretesz, mellőz.

2. Egy kis tálban keverjük össze a maradék 2 evőkanál olívaolajat, a dijoni mustárt és a citromhéjat. Ecsetelje a káposztaszeleteket egy tepsire, ügyelve arra, hogy a mustár és a citromhéj egyenletesen oszoljon el. Szórjuk meg a borsot és a köménymagot.

3. Grillezzön 30-35 percig, vagy amíg a káposzta megpuhul és a szélei aranybarnák lesznek. Tálaljuk citromkarikákkal, hogy a káposztára nyomkodjuk.

SÜLT KÁPOSZTA NARANCCSAL ÉS BALZSAMECCSEL

HÁZI FELADAT: 15 perc pörkölés: 30 perc Hozam: 4 adag

3 evőkanál olívaolaj
1 kis fej káposzta kimagozva és 8 szeletre vágva
½ teáskanál fekete bors
⅓ csésze balzsamecet
2 teáskanál finomra reszelt narancshéj

1. Melegítse elő a sütőt 450 °F-ra. Kenjen meg egy nagy peremű tepsit 1 evőkanál olívaolajjal. A káposztaszeleteket elrendezzük a tepsiben. A káposztát megkenjük a maradék 2 evőkanál olívaolajjal és megszórjuk borssal.

2. Grill a káposztát 15 percig. Fordítsa meg a káposztaszeleteket; Grillezzön még körülbelül 15 percig, vagy amíg a káposzta megpuhul és a szélei aranybarnák lesznek.

3. Egy kis lábosban keverjük össze a balzsamecetet és a narancshéjat. Forraljuk fel közepes lángon; csökkenteni Pároljuk fedő nélkül körülbelül 4 percig, vagy amíg felére csökken. Meglocsoljuk a sült káposzta szeleteket; azonnal tálaljuk.

www.ingramcontent.com/pod-product-compliance
Lightning Source LLC
Chambersburg PA
CBHW050344120526
44590CB00015B/1549